死に様に見る幕末明治維新

死に様に見る幕末明治維新　目次

はじめに

幕末維新期は、それまでの価値観を大きく変える変動期であった。そのような時代だからこそ今まで考えられなかったようなタイプの人間が数多く現れて活躍し、死んでいった。そのため歴史作家に多くのテーマを与え、彼らは好んで幕末維新期を取り上げている。

日本人の好きな歴史上の人物として必ず上位に挙げられる坂本竜馬は司馬遼太郎の小説に出てくる姿で語られている。「日本の夜明けは近い」などと言っているはずがない。新撰組が「義に厚く剣に強い青年群像」などとは噴飯ものである。特に副長の土方歳三のイメージは演じてきた二枚目俳優によって形作られたものである。歴史作家には功もあるが罪もまたある。

本当の歴史とは決して綺麗ごとでは語れないどろどろとしたものである。幕末維新は新しい時代が来るのを信じた純粋な青年たちによってなされたものではないし、本当に日本の夜明けとなったのでもない。明治新政府を作った、かつての倒幕派による自己宣伝が今でも生きているために惑わされている。

幕末維新ほどマキャベリズム、テロリズム、裏切り、内ゲバが酷かった時代は日本史史上にない。取るに足らぬ理由で「天誅」と叫んで殺しまくったし、責任転嫁を行って無実の者に腹を切らせた。

無謀な玉砕戦術で多くの者が戦死したし「邪魔にならぬように」との理由で婦女子の集団自決も行われた。ちょうど先の戦争と同じ構造である。幕末明治維新というものを美化しすぎたがために、同じ過ちをより大きな形で繰り返してしまったのである。

殺したいからというだけの理由で殺しまくったし、無頼の輩を集めて非道無法の限りを尽くした。一生懸命に戦った下っ端の者は、用済みとなるや邪魔者扱いされ濡れ衣を着せられた上で処刑された。

幕末維新を戦った長州の奇兵隊は英雄として故郷に迎えられたのだろうか。坂本竜馬は郷土の偉人として後世に語り継がれたのだろうか。残された家族は手厚い保護を受けたのだろうか。河合継之助は長岡の英傑として賞賛されたのだろうか。明治政府の高官となった勤皇の志士は資金を提供してくれた人々に恩返しをしたのだろうか。答えは全て「No」である。

幕末維新は日本の歴史上の大変革期として評価する必要があるのは事実だが、評価されすぎているのもまた事実である。

日本中が熱病にうなされていたかのようなこの時代を誰もが最期に迎えることとなる「死に様」を見ることによって探っていくこととした。よく言われるように「死に様」は「生き様」であり、人は生きてきたようにしか死ねない。どのようにして死んだかは、どのように生きたか、つまり彼らがどのような時代を作ったかを現わしている。

取材にあたって思ったことは「歴史は綺麗事では語れない」であった。国民的作家と言われる司馬遼太郎の所謂「司馬史観」を変えろなどという大それた主張をするつもりはないが、司馬の書くことは「小説」であって「事実」とはかけ離れている。

実際の歴史には取り立てて美談もなければロマンもない。それは「官軍」として賞賛された側も「賊軍」と蔑まれた側も同じである。何時まで経っても優越感や被害者意識で語っていたのでは進歩がない。歴史小説を読んだり、テレビ、映画などの時代劇を見るのもよいが事実も知ってもらいたい。歴史小説を百冊読むよりも事実を一つ知ったほうがよほど役に立つからである。

幕末維新の死に様その一

薩摩藩を雄藩にしたのだが

調所広郷（薩摩藩家老：七十三歳：一八四九年一月十三日：嘉永元年十二月十九日）

鹿児島に行くと「南に来たなあ」という思いが自然に湧きあがってくる。気候は暖かく空は広く街が明るい。ここならば豊かで穏やかな暮らしができると誰もが思う。

ところが江戸時代の薩摩藩は大変な借金を抱える貧乏藩の代表だった。最大の原因は観光名所で鹿児島市内のどこからでも眺めることができる桜島である。この火山から噴出する灰で出来ているシラス台地は農地としては痩せているために米の収穫が見込めない。有名な桜島大根は苦肉の策である。

この元々貧乏になる要因を持っていた薩摩藩は、外様の雄藩であるために江戸城修築、寛永寺造営、木曽三川の治水工事など多大な出費を強いられる工事を幕府から強請され続けた。そして文政年間（一八一八―一八三〇）ともなると薩摩藩の累積赤字は五百万両に及んでいた。当時の薩摩藩の年収が十二〜十四万両、利子の支払いだけで年に八十万両だから絶対に返済不可能な金額である。

薩摩藩十代藩主島津斉興が元は茶坊主であった調所広郷を登用したのはこのような時代だった。

完全に破綻している財政を再建させるのがいかに困難なことかは、破産管財人が倒産した会社を立て直そうと東奔西走している姿を見れば分かる。よほどの大鉈を振るうか、新たな資金源を見出さないことには不可能である。

調所が目を付けたのは中国で人気商品となっていた昆布であった。これを支配下にある琉球王国を経由する密輸ルートを作り上げていく。先ず奄美・琉球の黒糖を大坂へ運び昆布を仕入れると今度は中国へと輸出する。そして中国の薬品、陶磁器などをさばいて利益を上げる。今でも沖縄で当地では産出しない昆布を料理に使うのはその名残である。

黒糖生産のために奄美・琉球は地獄となった。一日中休むことなく働かされた人々は手に付いた砂糖をなめることさえ禁止される。

そして一方では金を借りていた商人に対して、利子無し二百五十年賦という事実上の債権放棄を無理やり結ばせてしまう。その年は一八三五年だったから二〇八五年までの分割払いということになる。こんな約束が守られるはずがなく一八七二年に明治政府によって債務の無効が宣せられた。ただし交換条件として密貿易を黙認したので商人達は莫大な利益を上げることが出来た。

ここまで行うと財政再建は出来るだろうが、幕府に目を付けられることともなる。老中阿部正弘からの呼び出しを受けた調所は、罪が斉興に及ぶのを防ぐために「服毒自殺」をしたことになっている。しかし実際は一切の罪を一人に着せて葬り去ったのであろう。

今でも不祥事が起きるたびに現場責任者の不可解な「自殺」によって幕引きとなり、巨悪は捜査の網から逃れるという構図が見られるが、百五十年前の薩摩も同じことを行っている。

幕末維新の死に様その二

長州藩を雄藩とした家老

村田清風（長州藩家老：七十三歳：一八五五年七月九日：安政二年五月二十六日）

関ヶ原の合戦における西軍の総大将は誰であったかと聞かれると、相当歴史に詳しい人でも石田三成だと答えてしまう。しかし実際の総大将は毛利輝元であった。だがこの総大将は大坂城に籠ったまま動こうとしなかった。おかげで取り潰しとはならなかったが、百二十万五千石から三十六万九千石へと大きく削られてしまう。

以来、幕末に至るまで「関ヶ原の恨みを晴らすのは何時になるか」と問いかけると「まだいささか早いと思う」と答えるのが、正月の恒例行事となった。

このように徳川家に恨みを抱き続けてきた藩であるから、当然のごとくに倒幕運動が起きた。しかし長州藩も他の多くの藩と同じように多額の借財に苦しめられて、一揆が起きたり飢饉に見舞われたりであった。これでは内政がやっとで、倒幕などは夢物語である。

そのような時に藩主となった毛利敬親は、開明派として知られていて長州藩きっての経済通でもあった家老の村田清風に財政再建という困難な仕事を任せた。

村田は年間通常経費の二十倍に上る大借財を抱えているという事実をあえて公開して領民へ倹約を求めた。自分に都合の悪いことは隠すよりもさらけ出してしまうほうが解決するものだが、村田はそれを実践している。

また荒れた田畑を回復させて生産力を高めるとともに、商人を藩政に参加させたり先例に基づかない人材登用を行ったりという、当時としては画期的な改革を行っている。また大坂での相場を見て品物の流通を計り差益を得たりもした。

しかし長州藩の財政危機を救ったのは薩摩と同じく借金の棒引きであった。為政者の考えることは同じである。

このようにして財政に余裕ができた長州藩は種痘をいち早く実施したり、軍事演習を行ったりしたために黒船来航に対して迅速な処置を取ることが出来て、雄藩としての地位を固めた。

村田のこのような財政改革に対して藩主の敬親は常に「そうせい」とだけ言って決して反対することがなかった。村田が自由に敏腕を振るうことが出来たのは、人任せにしているようで見るべきところは見ている敬親がいたからである。このような上司は当時も今も滅多にいない。

急激な改革には反発がつきものである。村田はやがて失脚し、持病の中風の悪化によりこの世を去った。

長州が薩摩とともに幕末維新の主役となれたのは、この二人がいたからで、現在に置き換えても学ぶべきものが多い主従である。

幕末維新の死に様その三

唱えていない尊王攘夷思想生みの親とされる

藤田東湖（水戸藩儒学者：五十歳：一八五五年十一月十一日：安政二年十月二日）

水戸っぽ気質として語られる性格は「飽きっぽい、怒りっぽい、骨っぽい」「熱しやすく冷めやすい」「単純素朴、利に疎く果敢」「思慮浅く向こう見ずで直情径行」「我が強く口下手」「怠け心がある」「態度が粗雑で物事を精細に究める態度に欠ける」「博愛精神に乏しい」など長所と言えるものがほとんどない。こんなにも酷評されてはさぞ怒り心頭に達していると思うのだが、これは当の水戸の人間そのものが言っていることなのだ。

水戸は御承知の通りに徳川御三家の一つだが、将軍を輩出することが出来なかった上に禄高も一番少なかった。そのために生まれた被差別意識を解消するために「天下の副将軍」こと徳川光圀が「諸大名は天皇の下で平等であり、領地は天皇からの預かりもので時が来れば何時でも返上しないといけない」という水戸学を生み出した。そして自らの考えの集大成として大日本史という歴史書を編纂することとなった。

しかし、これは建前の考えであって実際は大きく異なる。将軍を輩出することが可能だった水戸から将軍を出せなくなったのも、財政危機に陥らせたのも元をただせば徳川光圀の失政が原因である。

大日本史は元々貧しくなる要素を持っていた水戸藩をより一層窮地に陥らせた。表高は三十五万石であったが実収入は二十七、八万石がやっとという水戸藩で、光圀は十七、八万石も大日本史に費やした。そのため残りの十万石で生活していかないといけなくなった。

この石という単位を円に換えれば水戸藩がどのような状況であったかがよく分かる。月給三十五万円の人が税金、保険などを差し引かれて手取り二十七、八万円になるのは仕方がないとしても、そこからさらに十七、八万円の手をつけられない金があって十万円で生活しないといけない。しかもあの家は金持ちだと思われて、それに見合った暮らしをしないといけない。そのような見栄を張っていたらたちまちのうちに借金まみれになって首が回らなくなってしまうだろう。

光圀は自分の事業を遂行するために領民に全国一の重税を課す。そのため水戸藩では一揆が相次ぎ、逃亡する農民も多かったために光圀の後を継いだ綱條は「自分の藩でさえ治められないようで、どうして将軍となれる」と判断されて八代将軍の座を逃した。

その次の宗尭は二十六歳の若さで急死しているが、大日本史の費用を削ろうとしたために暗殺されたとも、抗議の意思を表すために自刃したとも伝えられている。

他にも歴代の水戸藩主は「聖域」とされた大日本史に苦しめ続けられる。藩士も同様で解釈の違いをめぐる対立から内ゲバが絶えないこととなった。

水戸藩を苦しめ続けた大日本史が完成したのは何と一九〇六年（明治三十九年）のことだから実に二百年以上も後の話だ。欠点ばかりと言える水戸っぽ気質は徳川光圀によって種が蒔かれ、大日本史で成長していったと言っていい。実際の水戸黄門は悪政とは言えないまでも失政を行っていたのだ。光圀が善政を敷いていた、全国を漫遊して回り悪家老、悪代官らを懲らしめたという水戸黄門の話は、明治以降に作られたものである。水戸学を信仰していたかつての尊王攘夷論者である明治政府の高官にとっては、水戸学の創始者である光圀の失政は何とも都合の悪いものだった。そのために作られた名君が水戸黄門となっている。

幕末期に水戸学の中心となり倒幕派に影響を与えたのは藤田東湖だが、藤田自身は尊王攘夷論を唱えたりはしていない。

藤田の考えは「天皇を中心とする国家を作り、外国に占領されたり言いなりになったりしない国を作り日本を守り抜こう」という「尊王愛国論」とでも呼ぶべきもので、これならば今の時代でも通用する立派な思想だ。

これに対して「尊王攘夷論」は「天皇を中心とする国家を作り、外国人や外国のものは徹底的に排斥して受け入れない」という、到底実現不可能な狭小な考えである。

今でも「自分は尊王攘夷論者である」などと言っている人がいるが、そのような人に限ってゴルフや野球など外国生まれのスポーツに熱中して、海外旅行に出かけた回数が多いのを自慢して、外国産のブランド品を買いあさって「自分はセレブだ」などと言って悦にいっている。尊王攘夷論を口にする人は先ず藤田の思想を勉強すべきである。

藤田と親しく交流した橋本佐内、佐久間象山、西郷隆盛、横井小楠といった人々の生き方を見ると彼が尊王攘夷論者などではないということがはっきりするのに、水戸に集まってきた倒幕派は「尊王攘夷論こそが日本を守る唯一の道である」と主張するようになった。これは藤田の望んだことではなかったし、生前にはある程度のブレーキが利いていた。

幕末維新時に尊王愛国論を尊王攘夷論にしてしまったことは後々まで様々な矛盾を生み、多くの悲劇的な事件を引き起こすこととなった。今でも当時の混乱から完全に抜け出しているとは言い難いところがある。

この儒学者は安政の江戸地震によって突然の死を迎えた。一度は外に逃げ出したものの火鉢の火を消そうとした母親を助けに入って自分が犠牲になったことはよく知られている。藤田という精神的支柱を失ったために尊王攘夷と名前を変えた尊王愛国論は中身まで変わって、大暴走を行うようになった。大事な人材を失った水戸藩はテロリズムと内ゲバによって自滅していく。

どんなに立派な考え方でも自分に都合がよいように曲げてしまってはとんでもないことになるし、大事な時には大事な人物が必要であると教えてくれる死であった。

過労死した老中が長生きしていたら

阿部正弘（老中：三十九歳：一八五七年八月六日：安政四年六月十七日）

十八歳という若さで兄の後を継いで福山藩主となった阿部正弘は、寺社奉行になるやいなや裏に大奥がいることから誰も手をつけられなかった智泉院のピンクスキャンダル事件に大鉈を振るう。これで名を馳せたために二十五歳にして老中に就任して、二年後には天保の改革で悪名の高い水野忠邦の後を受けて首席の地位を得た。

この時期は老中が次々に交代していたころではあったが、二十七歳での老中首席は、阿部にそれだけの能力があったからに他ならない。

若くて有能な老中はペリーが浦賀に来るや、それまでの前例を破って諸大名や幕臣に広く意見を求める。国の非常時にあっては譜代も外様も身分の上下も関係ないというのが阿部の考えだった。

このときの諸大名の意見は一体何が言いたいのか意味不明なものがほとんどだったが、二つだけ阿部の目を引くものがあった。一つは彦根藩主井伊直弼、今一つは福岡藩主黒田長溥のもので、阿部は以後この二人や松平慶永、島津斉彬、徳川斉昭などの有力大名と協力して政事を行っていく。

アメリカをはじめとする諸外国と条約を結び日本の鎖国政策を解くとともに、富国強兵論の考えを推し進めるために講武場、洋学所、長崎海軍伝習所などの先進的な学問所を開いて人材育成を行っている。

しかし阿部の政策は少し進みすぎているところがあったために保守的な譜代大名の反発を受けることとなる。中でも強く反対したのが皮肉なことに、登用した井伊直弼であり、意見を求めた徳川斉昭であった。そのために老中首席の座を外されることとなる。

引き続き幕政全般の改革を行っていた阿部が過労死したのは三十九歳という若さだった。幕末期はもちろんのこと、江戸時代全般を通じても五本の指に入るほど優秀な老中であった阿部が長生きをしていたら、幕府の崩壊は無かったであろう。政権交代を行っていたとしても幕末明治維新があれほど凄惨なものにはならなかったはずだ。まさに惜しんでもあまりある若死にだった。

幕末維新の死に様その五

日本開国の恩人などとは評価しすぎ

ペリー（アメリカ東インド艦隊司令長官：六十五歳：一八五八年三月四日）

ペリーのアメリカ艦隊が浦賀にやってきた時に日本中が「黒船来航」として大騒ぎになった。このペリーこそが日本開国の恩人である。

教科書や学校ではこのように教えられてきたし信じ込んでいる人も多いようだ。しかしこれはどちらも明らかに間違いである。

まずペリーが浦賀にやってきた時には「また来たか」ぐらいで騒いだりはしていない。江戸時代には鎖国を行っていたために外国船がやってくるのは長崎のオランダ船だけだと思われているが、実際には次から次に来航した。そして多くの場合、江戸から近い浦賀を選んでいる。ペリーの六年前にもピッドルがやってきて通商を求めたが拒絶されている。このような事情があったので慣れっこになっていた浦賀の人々は見物の船を繰り出すほどだった。

そしてペリーは日本を開国するためにやってきたのではなく、占領するつもりだった。当時は武力を背景に威嚇する砲艦外交が一般的な時代だった。ペリーこそが砲艦外交の代表的な人物で、白旗を持ってきている。交渉に応じるならばよし、もし拒絶するならば戦争となる。その時にはこの旗を掲げて降伏せよとの脅しをかけたのであった。またペリーの艦隊は国際条約違反を犯して江戸湾の測量を行っているし、帰国後もピアス大統領に琉球、小笠原の占領を提言したが拒絶されている。このようにペリーは日本開国の恩人どころか、少し間違っていれば不倶戴天の敵となっていたところである。

ただし評価すべき点が多いのも事実で、ペリーは将来、必ず日本がアメリカと肩を並べるようになると感じ取っていた。アメリカとの経済戦争になる、もしかしたら本物の戦争になると予言している。江戸湾の測量も戦争になった時には敵国の地理を知っている必要があると感じ取っていたからだった。この予言が九十年後に不幸にも的中してしまったのは日米史上の悲劇である。

また砲艦外交を印象付けているのは「開国か降伏か」を迫る文書を渡したからだと言われているが、それは作り話であったのが今では確定的になっている。

ペリーが日本を開国に導いたと考えているのは日本とアメリカぐらいで、ヨーロッパでは当時も今もシーボルトだとしている人が多い。

ペリーについての意外な事実を述べると彼は鬘を被っていた。あの顔から髪を取り去ってしまうとどのような顔立ちになるのだろうか。

この鬘男は初めて日本にやってきてから僅か五年後に、さしたる活躍も見せないままに没している。やはり日本にやってきた時が人生で一番輝いていた瞬間だったのだ。

この藩主がいたから志士が育った

島津斉彬（薩摩藩主：五十歳：一八五八年八月二十四日：安政五年七月十六日）

家中が二つに分かれて血の雨を降らせるお家騒動は何とも嫌なものである。幕末の島津家で起きたお家騒動は、斉彬と争った弟久光の母親の名前をとってお由良騒動とも呼ばれているが、十三名が切腹となったほか数多くの斉彬派の藩士が遠島などの処分を受けた。

このような騒動があったにもかかわらず斉彬が薩摩藩主となれたのは、才能を高く買っていた老中阿部正弘が「預かり」という形をとって就任させたからだった。

斉彬が立派だったのは、自分が勝ったからといって反対派の処分を行わなかったことである。これでさらに血で血を洗う事態を防げたし、恨みを後に残すことがなかった。

斉彬は阿部の期待に応えて反射炉や溶鉱炉を建設して迫りつつあった外国の脅威に対抗する措置を取るとともに、西郷隆盛、大久保利通、黒田清隆、大山巌らの下級藩士を数多く抜擢した。また土佐の漂流民ジョン万次郎を呼び寄せて欧米流の造船術や航海術を教えさせたりもした。他にも江川太郎左衛門の塾に藩士を入れて砲術を学ばせたりもしている。

このような準備をしていた藩主が存在したおかげで薩摩藩は幕末維新で数多くの人材を送り込むことが出来たし、旧幕府軍との戦いに勝利することも出来た。また後の日本海軍は薩摩閥であったが、これも斉彬のおかげである。

斉彬は大老井伊直弼が日米修好通商条約を結んだり将軍家継承に強権を振るったりする姿を見て、兵を率いて上洛しようとの準備をしている最中に急死してしまう。あまりにもタイミングが良かったので井伊派による暗殺説を取る人もいるが、やはり幕末に何回か流行したコレラか赤痢に倒れたのが事実だろう。

遺言で斉彬の娘と婚姻を結んで藩主の座を継いだ久光の子忠義は、今上天皇から数えて四代前の先祖に当たる。薩摩藩は思いがけない形でいまだに明治維新を行っているのだ。

幕末維新の死に様その七

かくも多くの人材が失われた

安政の大獄（一八五八―一八五九年）

江戸幕府の最高権力者である大老という役職は非常時にだけ置かれるもので、多分に名前だけの名誉職的なものだった。

しかし一八五八年六月六日（安政五年四月二十三日）に大老職に就任した彦根藩主井伊直弼は次々に辣腕をふるって反対派を恐れさせることとなる。

先ず朝廷からの勅許を待たずに日米通商条約に調印したかと思うと、前水戸藩主徳川斉昭、越前藩主松平慶永、尾張藩主徳川慶恕らを隠居謹慎処分とした。安政の大獄と呼ばれることとなる反対派弾圧はこうして始まった。

水戸藩家老安島帯刀は重臣であるために切腹処分であったが、水戸藩京都留守居役鵜飼幸吉は獄門となり、死罪は長州藩士吉田松陰他六名で合計八名が首を刎ねられた。他にも獄死者を十二名、自殺者を二名出すなど文字通りの大獄となった。

また儒学者の池内大学は仲間が次々に捕われるのを見て自首したために、中追放という比較的軽い処分を下されただけだった。しかしこれが裏切りとみなされ土佐の岡田以蔵によって首を討たれ耳をそがれるという、見るも無残な姿になって晒される。その両耳は箱に入れられて公武合体派の公家三条実愛、中山忠能の屋敷に投げ込まれた。

もし今、暗殺を行って死体の一部を投げ込むような事件が起きたら、連日その話ばかりが報道されるだろう。ところが当時は別に珍しいことではなかったから、何とも殺伐とした時代である。

この大獄によって失われた人材の中で最も名が知られているのは、やはり松下村塾で知られる吉田松陰だろう。萩では今でも「先生」と呼ぶのは吉田松陰唯一人であるとして、学校でも松陰がどれほど優れた人間であったかを教え込んでいる。これを思想教育である、偏向しているなどと言おうものなら総攻撃を受けるのを覚悟しないといけない。

「松陰」とは元はと言えば寛政の三奇人の一人として知られている高山彦九郎の諡である。そのような人物の名前をあえて名乗るほどだから、吉田「松陰」も奇人として生きることを望んでいた。ところがその奇人が高杉晋作、久坂玄瑞、前原一誠、木戸孝允、伊藤博文らを育て上げていく。

萩では松陰の生き方は死生を度外視したものとされ、処刑に立ち会った長州藩士小幡高政の証言により、死罪を申しつけられても泰然としていて従容とした態度で刑場に向かったとされている。ところが同獄にいた伊勢の神官世古格太郎、水戸藩士鮎沢伊太夫らの証言によると、自分が死罪になることがどうしても納得できずに口角泡を飛ばして暴れまわり、下役がやっとの思いで押さえつけたところを首を刎ねたとある。

どちらが事実かはもはや分からないし証明できない。しかし萩では後者のような話は絶対に出来ないのだ。

幕末維新の死に様その八

雪の惨劇　討つ者と討たれる者

桜田門外の変（一八六〇年三月二十四日：安政七年三月三日）

安政の大獄を行ったことで知られる彦根藩主で大老の井伊直弼は直中の十四男であったために、本来なら一生を部屋住みの身として送らないといけないところだった。自分自身も覚悟していて郷土彦根の名産品に我が身をなぞらえて「埋木舎」と名乗っていた。この頃の綽名「チャカポン」は、お茶と歌と鼓に凝っていたとの意味である。しかし長兄で藩主であった直亮の養子であったことから、兄の死後に彦根藩主に就任する。

これだけでも思いもかけない幸運なのだが、井伊家は徳川四天王の一つに数えられる名門であった上に、ペリー来航時に阿部正弘の求めに応じて提出した意見が目を引いたことから幕閣の中心に躍り出て遂には大老という最高権力者に就任する。そして安政の大獄に代表される強引な政策のために数多くの敵を作ることとなった。

運命の日となった一八六〇年三月二十四日（安政七年三月三日）は上巳の節句を祝うために総登城の日となっていた。六十人ばかりの供とともに直弼が外桜田の屋敷を出発したのは朝の五つ半刻（午前九時頃）であった。早朝から降り続いている雪のために供のものは雨合羽を着て刀には柄袋を被せていた。これが災いしたために命を落とす羽目となったと言われている。しかし晴れていたとしても暗殺されていただろう。ただし首を取られるところまではなっていなかっただろう。

それよりも重要なのは当日の朝に井伊家に届けられた投書のほうである。そこには水戸の浪士が直弼を襲撃すると書いてあった。これを一人で読んで他の者には知らせていない。もし家臣に伝えていたら警戒を怠らなかったのでテロは失敗していたことだろう。この重要情報を知らせたのが誰かは今に至るまで分かっていない。

水戸藩を脱藩した浪士十七人と薩摩藩士有村次左衛門とが、この日のテロリストであった。事件は森五六郎が駕籠直訴を装って近づいてきたところから始まる。井伊家には邸内への投書、直訴の書状などは藩主自らが読む仕来たりがあるのをテロリスト達が知っていたからだ。先の投書も水戸浪士の行いかもしれない。

もちろん直訴はご法度であるために供頭の日下部三郎右衛門と供目付の沢村軍六は止めようとしたが、そこを森に斬られてしまう。刀を抜こうとした二人だが柄袋に引っかかったために日下部は額を割られる重傷を負い、沢村は袈裟掛けに斬られて最初の犠牲者となった。これを見ていた浪士三人が供方騎馬徒士の加田九郎太の槍を奪い取ろうとしたので、供回りの徒士が加田を守ろうと駕籠を離れたところで銃声が響く。

森が撃ったこの一発は、本来は合図のために空に向けて撃つはずだったが、すぐ側にいたことから駕籠に向けて撃った。井伊の腰に命中した銃弾は、もし刀で斬られていなくても致命傷となっていたほどの重傷を負わせている。先ほど、もし晴れていても殺されていたであろうと書いたのはこのためである。森がもし倒されていたとしても、水戸浪士は殆どの者が銃を携えていた。彼らのうち誰かが直弼に向けて発砲していただろう。

この事件は尊王攘夷論者が起こしたために西洋文明の産物である銃は使用していないと思っている人が多い。特に水戸では今でも信じ込んでいる人がほとんどだ。しかしそれは明らかに間違いでテロに成功したのは銃を使ったからに他ならない。

大名行列に斬りこんで時の最高権力者を暗殺しようと考えたら、刀だけではどう考えても不十分である。尊王攘夷論者は外国を排斥していながら勝手な時には利用している。テロリストの論理などこの程度のものだ。

銃声が響いてからは乱戦となった。次々に駕籠に向かって突進していくテロリストから主君を守ろうとした彦根藩士だが、ここで雨合羽と柄袋が邪魔をする。加田も切り刻まれて絶命した。供目付河西忠左衛門一人が両刀を振るったのだが四方から突かれて憤死すると、もう駕籠を護る者はいなかった。駕籠かきは既に逃走していた。

佐野竹之介が駕籠に刀を突き入れ、広岡子之次郎と有村とが討ち落とした直弼の首を刀の先に突き刺して引き上げようとした。その時に重傷を負って倒れていた彦根藩供目付側小姓小河原秀之丞が、主の首を取り戻そうと二人に斬りかかって重傷を負わせるが、小河原も切り殺されてしまった。

この事件で彦根側の死者は直弼自身も含めて八人だったから、不利な条件が重なった割には善戦したと言っていい。しかし主の首を獲られたとあっては彦根藩は取り潰しになってしまうところだった。水戸浪士達は直弼の首を京へ運んで晒しものにするつもりでいた。もしそのようなことになっていたら水戸も彦根も取り潰されていただろう。そして両者の間で殺し合いになって幕末維新はもっと血腥いものとなっていた。直弼の首が彦根方に戻ってきたのは不幸中の幸いであった。

襲った側はその場で一人が死亡し、重傷を負った者のうち四人が自刃し三人はその日のうちに亡くなった。当日の死者は双方とも八人ずつだったという奇妙な偶然が起きている。自訴した五人は翌年の七月二十六日に死罪となり、一人は逃走中に自害するなどして明治になるまで生き延びたのは二人しかいない。そしてその二人も大した働きをしていない。テロに走るような者など大したことがないと自分達で証明している。

この事件にはまだ続きがある。薩摩は有村一人が参加するのではなく、兄の雄介らが兵を従えて上京し朝廷を奉じて幕政改革を行おうと考えていた。しかしことが大きくなったのを感じ取って雄介は薩摩藩の役人に捕らえられて切腹を命じられ、雄介と行動を共にするはずだった水戸藩士の高橋多一郎、庄衛門親子は大坂で取り方に囲まれて自刃する。そして桜田門外の変の主犯関鉄之助は厳重な追補の目を潜って薩摩を目前にした水俣までやってきた。窮鳥懐に入ればで匿おうと主張した人もいたが、薩摩藩は関わり合いになるのを恐れて関を追い返してしまう。

これらの決定を下したのは大久保利通だった。そのため有馬新七は大久保は首領に仰ぐような人物ではないと考えて過激な行動に走り寺田屋で殺されるし、田中新兵衛はテロリストとなった。大久保の判断を冷酷であったとするか、時勢を見る目があったとするかで、その当時から今に至るまで議論が続いている。

また彦根は彦根で二年も経ってから当日無傷だった者は斬首、軽傷の者は切腹、重傷の者は減知の上で幽閉という処分が下されている。つまり当日に落命した者の家族だけが家督相続を許されるという厳しいものだった。


水戸はこの事件から後、坂下門外の変、東禅寺襲撃事件、昭和の五一五事件、二二六事件、血盟団、死のう団に至るまで数多くのテロリストを生み出している。

現在に至るまで水戸では桜田門外の変、天狗党、二二六事件の三つを先走りしすぎたための悲劇と言っている。しかしテロなどは、どのような理由をつけても正当化されてはいけないものであるし、水戸は先走りしすぎていたわけではなく、二周も三周も遅れていたのだ。

幕末維新の死に様その九

水戸の烈公名月に死す

徳川斉昭（前水戸藩主：六十一歳：一八六〇年九月二十九日：万延元年八月十五日）

水戸は水戸学、大日本史に代表されるように尊王思想が最も強い藩であった。その原因は水戸の貧しさであるのは前に書いた。

さらに水戸は海岸線が長く太平洋に面しているために、しばしば外国船が現れた。一八二四年にはイギリスの捕鯨船が薪と飲料水を求めて上陸するという事件も起きた。

このような事情を抱えていたために「外国船は討ち払え」という考えが生まれて、本来なら全く関係の無かった尊王思想と結びついて尊王攘夷運動の本家となっていく。しかし藤田東湖らが尊王攘夷思想などを唱えたりしていないのは前に書いたとおりである。

水戸藩主の徳川斉昭も水戸学を教え込むための藩校弘道館を設立したり農村部には郷校を置いたりしたが、一方では西洋式兵術や導入して軍事訓練を行ったり蘭学者を抱えたりしているように、がちがちの尊王攘夷論者などではない。

斉昭が蟄居謹慎を命じられたのは意外にも藩内の寺院からの抗議を受けてのものだった。国学と儒学という異質のものを結びつけて仏教寺院を取り潰したりしたために嫌われたのだった。幕府としては無断で軍事訓練を行ったりした斉昭を処罰する、ちょうどいい口実が出来たのだった。

しばらくはおとなしくせざるを得なかった斉昭だが阿部正弘が老中に就任すると状況が変わる。阿部は、幕府に対して盛んに意見を述べていた斉昭を非常時に必要な人物であるとして藩政への復帰を認める。そしてペリーが来航するとなお一層の活躍の機会を得た。

極端なまでの外国嫌いであった斉昭は、徹底した攘夷論を述べたと言われている。殆どの本にはそのように書かれているし信じている人も多い。

しかし実際の斉昭は西洋諸国の研究も行い実力も十分に認めていた。そのため、おかしな形で開国したのでは外国の言いなりとなり植民地ともなりかねないのを承知していた。攘夷論を述べたのは時間稼ぎの手段としてであった。そして十分な態勢が整ったところで開国論を述べるはずだった。

何れにせよ斉昭の意見は即時開国論者であった彦根藩主井伊直弼とは相容れないものであった。海を持たない彦根藩は外国の脅威に直接さらされることがない。このような立場の違いが両者の意見の違いとなって対立していく。

さらに次の将軍に斉昭の息子一橋慶喜を推す一橋派と、紀州藩主徳川慶福を望む南紀派との争いが、それぞれのリーダーである斉昭と直弼の全面対立へと発展していった。

そんな時に阿部が過労死してしまう。どちらかと言えば一橋派であった実力者の急死により南紀派が一気に力をつけた。そして斉昭ら一橋派が謹慎を申しつけられたことから、水戸藩らの尊王派は勅命によって情勢を挽回しようと奔走する。この運動は功を奏して天皇から密勅が下されたことが裏目に出る。直弼は反対派の徹底弾圧を決意して安政の大獄が始まり、水戸藩は家老他四名が処刑されてしまう。

このように追い込まれていったことから水戸浪士による桜田門外の変が起きるのだが、その大事件があったのと同じ年の八月十五日(旧暦)に、中秋の名月を眺めている最中に斉昭が急死してしまう。

一説では水戸藩に恨みを持つ彦根藩の足軽が忍び込んで暗殺した後に自害したと言われているが、隠居とはいえ藩主まで務めたような人物をたった一人で殺せるはずがない。ましてや最も警戒していた彦根藩である。やはり心臓発作か何かで急死したのだろう。

斉昭の死後、尊王攘夷思想はますますおかしな方向に進んでいき、水戸藩内では凄まじいまでの内ゲバが起きて自滅していく。

藤田東湖といい斉昭といい、大事な時に大事な人物を失うと暴走していき自爆すると教えてくれる。

幕末維新の死に様その十

見事な辞世を遺した遊女。だが出来すぎた話は疑ってかかれ

岩喜楼喜遊（遊女：十五歳：一八六〇年）

幕末に開港された横浜には同時に数多くの遊郭が作られた。建物の内部を見物するだけでも現在の金にして約一万円、本格的に遊ぼうと思ったら五十万円ぐらいもかかってしまうというものだったが需要はあり、昼は日本人、夜は外国人が登楼している。

岩喜楼は中でも一番大きく建物も立派で内装が美しいものだった。この岩喜楼の喜遊という遊女は十五の時に江戸の吉原から移されてアメリカ人に見染められる。しかし頑として外国人の客を取らず、金に目が眩んだ楼主の強制を退けて「露をだにいとふ倭の女郎花　降るアメリカに袖はぬらさじ」という見事な辞世を遺して自殺する。

しかしこのような出来すぎた話は疑ってかからないといけないし、事実この話には裏がある。本当のところは、この世の地獄を強いられた遊女の自殺というよくある話を聞きつけた尊王攘夷論者の大橋訥庵が美談に仕立て上げて、喜遊を烈女としたものである。もちろん辞世も大橋が作ったものに他ならない。

大橋が作ったこの話には今でもだまされている人が多い。

幕末維新の死に様その十一

夷人斬りの嵐の中で

ヒュースケン（通訳：三十歳：一八六一年一月十六日）

幕末の尊王攘夷思想は次第におかしな方向に暴走していき夷人とあれば見境なしに斬るようになっていく。

一八五九年七月二十日（安政六年六月十九日）にロシア艦隊の士官と水夫三名が開港したばかりの横浜で襲われたのが最初の夷人斬りだが、この時には一人は深手を負いながらも近くの店に飛び込んで一命を取り留めたが、二人は手足がバラバラになるほど切り刻まれて絶命してしまう。

十月にはフランス公使館に勤める清国人が殺され、イギリス公使館の通訳伝吉も短刀で刺殺された。この他にもオランダ船長が殺されたり、イタリア人が負傷させられたりの事件が起きている。そしてアメリカ公氏ハリスの右腕とも言える通訳官ヒュースケンの暗殺事件が起きる。

ヒュースケンはアメリカ人だと思われているが、元はと言えばオランダの生まれで二十一歳の時にアメリカに移住して帰化した。この青年がハリスの書記兼通訳に採用されたのは蘭英独仏語を自由にこなし、来日後ほどなくして日本語ものにするという語学の天才だったからだ。

これだけ才能豊かな人物であったために、アメリカだけでなく各国の外交官からも重宝されるようになっていった。

薩摩の尊王攘夷論者七名に襲われた時も日本とプロシアとの会合に同席しての帰りだった。両脇腹をえぐるという残酷な手段での暗殺だった。

このテロ事件を怒った英仏公使は「武士道とはかくも野蛮なものか」と言って横浜へ移ったが、日本に好意的だったハリスだけは江戸に留まった。

夷人斬りの嵐はこの後もやむことがなく、イギリス公使館となっていた東禅寺が水戸浪士に襲撃されたり、品川御殿山の焼打ち事件が起きたりした。

このような外国人に対するテロ事件は二十件以上も起き約四十名が被害にあった後、一八七〇年十一月に神田で起きた事件を最後に姿を消した。

幕末維新の死に様その十二

この頭脳が完全燃焼していたら

岩瀬忠震（目付：四十四歳：一八六一年八月十六日：文久元年七月十一日）

時代劇では「まだ部屋住みの身です」という台詞がよく聞かれる。これは家督を継いでいないという意味で、父親が現職だったり、養子先が決まっていない次、三男などが部屋住みであった。

幕末で最高の頭脳と呼ばれ、イギリスの外交官エルギンが「日本で会った中で最も愛想の良い教養に富んだ人物」と評した岩瀬忠震も部屋住みの身であった。

この偉大なる部屋住みは老中阿部正弘によって目付に抜擢され海防、軍事、外交問題を担当した。英語の習得には特に熱心で、いつもメモ帳代わりの扇子を何本も持って単語を書きとめるという、今の受験生のようなことを行っている。

アメリカ総領事ハリスとの交渉では「幕府内では誰もが修交・通商について無知である。私は貴方の公平な人格を信じている。この期待に沿うような日米相互に利益となるような条約草案を作成してほしい」と申し入れている。

しかし出来上がった草案は岩瀬の思ったようなものではなかったので、疑問点や矛盾点を追及して不平等条約にならないように修正させた。ハリスはたじたじとなるとともに日本のためになる男だと感服した。こうして結ばれたのが日米修好通商条約である。

この条約は朝廷の許しを得ないで結ばれることとなるが、その責任は大老井伊直弼を始めとする幕府側にあるように思われている。井伊を惨殺したテロリスト達は斬奸状の中で罪状の一つに挙げていたし、教科書でも時代小説でも歴史書でも、そのような取り上げ方をしている。

ところが問題があったのは実際には朝廷方である。交渉に向かった岩瀬は五位だった。世界の情勢に疎い上に前例にばかり縛られる朝廷は、四位以上の者しか面会を許さず岩瀬と会おうとしなかった。しかも八十八人もの堂上公家が条約調印に反対して座りこむという大事件を起こす。このままでは時期を逸してとんでもない不平等条約を要求されてしまうと判断したことによって条約を結んだのだった。

朝廷側がおかしな面子にこだわらずに柔軟な対応をしていたら、日米修交通商条約はもっと日本側に有利なものとなっていたし、無断で結んだなどという誤りが現在まで伝わることはなかった。

岩瀬は他にも藤田東湖を説得して「開国こそ日本の独立を保障する最良の策である」と考え直させている。そのためにと徳川斉昭を団長とするアメリカ視察団の派遣まで承知させるほどだった。残念ながら、この計画は藤田が安政大地震で亡くなったので実現していない。

もし斉昭がアメリカに行っていたら間違いなく尊王攘夷論を引っ込めたはずだから、幕末維新は随分と違ったものになっていたに違いない。もっとも前に書いたように斉昭も藤田も主張したのは「尊王愛国論」であって「尊王攘夷論」などではない。

この幕末最高の頭脳は外国奉行となり、さらなる活躍が期待されていたのだが、次期将軍に一橋慶喜を推したために官職を奪われて蟄居することとなった。そして処分が解かれることなく「憂鬱のために病みて」亡くなる。

岩瀬の頭脳を完全燃焼させていたら幕府の寿命が延びていただけでなく、数々の条約も平等なものとなっていただろう。変な面子などにこだわって岩瀬を使いこなさなかったために、幕府及び明治政府は条約改正に五十年以上も悩まされるところとなった。

有能な人材も使いこなさないことには実力を発揮できないし、歴史まで変わってしまう。

幕末維新の死に様その十三

二番煎じは通用しない

坂下門外の変（一八六二年二月十三日：文久二年一月十五日）

桜田門外の記憶がまだ生々しい一八六二年二月十三日（文久二年一月十五日）、またしても幕府要人を狙ったテロ事件が起きた。

今度のターゲットとなったのは老中の安藤信正で、襲った側はまたしても水戸浪士を中心とする六名であった。事件は、直訴を装って近づいた一人が駕籠に向かって発砲するとともに突進していき駕籠に刀を突き刺すという、桜田門外の変に倣ったものだった。

しかしこんな二番煎じが通じるわけがない。安藤家の側でも駕籠の周囲を手錬の者で固めてすぐに刀が抜けるようにするなど対策を立てていた。そこへ僅か六人で襲っても結果は最初から見えているというものだ。

安藤は手傷を負ったものの無事だった。襲った側の水戸浪士平山兵介、同小田彦三郎、宇都宮浪士河野顕三、常陸河原子村の医師の子黒澤五郎、小島村農民高畑房次郎、越後十日町の医師の子河本杜太郎は全員が切り刻まれて絶命している。

この事件には水戸浪士の川辺佐次衛門も加わる予定でいたが遅刻してしまった。と言うよりも早く来すぎてしまった。時間潰しのために辺りを散策して帰って来るとすべてが終わっていた。

この失態を恥じた川辺は、その夜に長州藩邸に桂小五郎を訪ねて遺書を託すと割腹して果てた。

このテロ事件に参加した者のうち水戸浪士三人は東禅寺襲撃事件にも加わっている。水戸浪士はテロに次ぐテロの人生を送った者があまりにも多い。そして総てが自滅した。

実際にテロ計画を立てたのは宇都宮藩の儒学者で、岩喜楼喜遊の話を美談に仕立て上げた大橋訥庵だったが、密告により妻の弟菊池教中とともに捕らわれている。平山らが僅かな人数で実行したのは、自分達にも手が伸びてきているのを感じ取ったからだと言われているが、はっきりとしたことは分からない。

大橋と菊池は証拠不十分で釈放されたのだが、間もなく二人とも病死している。関わり合いを恐れた宇都宮藩による毒殺説が有力だが、こちらのほうも真相は藪の中である。

いずれにせよテロなどを起こすとろくなことはない。

土佐を代表する改革派だったのだが

吉田東洋（土佐藩参政：四十七歳：一八六二年五月六日：文久二年四月八日）

その日土佐藩参政の吉田東洋は若い藩主山内豊範に本能寺の変の講義を行った。酒を賜って酔った上に雨になったので、妻の弟後藤象二郎は駕籠で送ろうと言ったのだが、酔い覚ましにちょうど良いと言って断ってしまう。これが東洋に悲劇をもたらす。

土佐勤皇党を率いる武市半平太は、東洋に尊王倒幕論を説いたが相手にされなかったために失脚を図ったが、上手くいかなかったために「殺してしまえ」との結論を出す。毎日三人ずつを刺客として送り続けて、この日の当番となったのが大石団蔵、那須信吾、安岡嘉吉だった。

剣の道に優れていた東洋は那須に傷を負わせたが、加勢が加わったために斬り捨てられ首を取られてしまう。

テロリストはこの後、東洋の首を褌に包んで運び城下の雁切橋のたもとに斬奸趣意書とともに晒している。その時に犬に吠えられて困ったと、何とも間の抜けたことを言っている。

土佐は関ヶ原の後にやってきた山内家の家臣の上士と、元からいた長宗我部家の家臣郷士とに分けられて、凄まじいまでの身分差別が行われたことが知られている。
そのために両者は激しく対立して「御見つけ」という「殺したいから殺す」という屁理屈のもとにテロリズムが生まれた。

武市のテロリズムによる第一号の犠牲者となった東洋は、元はと言えば馬廻り役だったが学識の高さゆえに抜擢されて藩政改革に尽力し、土佐を代表する改革派となった。自分自身の経験から能力のあるものを登用することに熱心で、ジョン万次郎を取り立てたり、後藤象二郎、福岡孝弟、板垣退助、岩崎弥太郎などを指導している。

東洋の暗殺後に土佐から改革派が一掃されてしまうが、進歩的な考えは後藤らに受け継がれて土佐は明治維新の主役の一つとなった。

テロリスト達は那須と安岡は翌年の天誅組の乱であっけなく戦死し、明治まで生き延びた大石もこれといった業績を残していない。やはりテロリストなどという者は所詮は人殺しにすぎないのだ。

骨肉相食む上意討ち

寺田屋騒動（一八六二年五月二十九日：文久二年四月二十三日）

京都伏見の船宿寺田屋は、幕末史には実質的な主人であったお登勢の名前とともにしばしば登場する。また坂本竜馬とお竜の話はあまりにも有名だ。

一八六二年五月二十九日（文久二年四月二十三日）夜、この船宿に七十名もの薩摩藩士が集まっていた。彼らは久留米出身の神官真木和泉と京の医者田中河内之介に教えを請い、西国の尊王攘夷派を結集して倒幕挙兵を計画していた。その手始めとして関白九条尚忠と京都所司代酒井忠義とを暗殺するために結集していたのだ。

このテロ計画を察知した島津久光は中止させるために奈良原喜八郎、道島五郎兵衛らを鎮撫役として送った。奈良原は中心となっている有馬新七と親しかったので説得できると思ったのだ。

奈良原は久光の意向であるとして中止命令を伝えたが、有馬らは頑として聞き入れようとしなかった。そのうち次第に両者とも激昂していき、とうとう道島が近くにいた尊攘派藩士の眉間を斬って血が飛び散った。ちょうどそこへ遅れてやってきた鎮撫役の一人が斬り合いを見て、さらに一人を切り倒したために乱戦となった。刀が折れた有馬は道島を壁に押し付けて「オイごと刺せっ」と叫んだ。その通りにしたために二人とも絶命する。

この時の傷は今でも残っていて百四十年前の乱戦を伝えている、と現在残されている寺田屋に書かれているが、当時の建物は蛤御門の変で焼失しているので、これはただの宣伝である。

その後も切り合いが続いたが、奈良原が両肌を脱いで大小を放り投げて合掌しながら「頼む。やめてくれ」と叫んだ。この命がけの行為がなかったらもっと酷い惨劇となっていただろう。

この事件の犠牲者は双方合わせて九人に上る。有馬は水戸浪士達が桜田門外、坂下門外と続けたので「自分達も」と焦っていたふしがある。

彼らを指導していた真木は二年後の蛤御門の変で戦死する。田中は捕らえられて薩摩に送られる途中で息子の磋磨介、甥の千葉郁太郎とともに小豆島沖で斬られた。そして有馬らが暗殺しようと計画した九条と酒井は、皮肉なことにともに明治まで生き延びている。

尊王攘夷一筋に生きた男の不審な死

大橋訥庵（宇都宮藩儒学者：四十七歳：一八六二年八月七日：文久二年七月十二日）

水戸浪士らによる坂下門外の変が起きた時、首謀者とされる大橋訥庵は三日前に密告されて妻の弟とともに牢の中にいた。彼ら二人は、しばらく入れられた後に釈放されるが、間もなく相次いで顔が真っ黒になってのたうち回るという、毒殺ではないかと思われる不審な死を遂げている。

大橋は佐藤一齋の門下で学んだ儒学者で尊王攘夷一筋に生きた男であった。老中安藤信正暗殺未遂事件、すなわち坂下門外の変は和宮降嫁に憤慨したものだった。

尊王攘夷思想に凝り固まっていた大橋は岩喜楼喜遊の自殺を聞きつけると、この悲惨な死を美談に仕立て上げるために辞世を作り、喜遊を烈女に仕立て上げた。

大橋を密告したのは誰なのかは未だに不明である。

幕末維新の死に様その十七

天誅第一号

島田左近正辰（九条関白家家臣：三十八歳：一八六二年八月十五日：文久二年七月二十日）

幕末維新時に多発したテロによって犠牲となった人は、桜田門外以後の十年間で一万人を超えたともいわれる。

中でも京では「天誅」の名の下のテロ事件が横行した。暗殺した後に様々な罪状とともに晒すのだが、ほとんどはでっち上げの罪状で、暗殺の理由も土佐の「御見つけ」と同じように「殺したいから殺した」というものであった。

この天誅第一号とされるのが九条関白家家臣島田左近であった。島田が目をつけられたのは安政の大獄の折に京の尊攘派摘発に辣腕を振るったためであった。また関白家の金と称して高利で貸し付けてはあくどい取り立てをしていたので人々から恨まれていたとも言われている。ただしこちらは島田が悪人であったとするための後付けかもしれない。

この男の首を取れば一人前になれると思われたので誰もが狙っていたが、用心深い性格のためなかなか行方をつかませなかったが、薩摩の探索方が妾で祇園の芸妓君香のところへ行くのを突き止めた。

この話を聞いた田中新兵衛は機会を逃すなと暗殺して、身体は高瀬川に投げ込み、首は青竹に突き刺して先斗町の河原に罪状書とともに晒した。

天誅第一号と呼ばれるテロ事件によって新兵衛の名が上がったことから、過激なテロリスト達は「先を越された」とあせった。そして遅れるなとばかりにテロに次ぐテロを行うようになる。

幕末維新の死に様その十八

藩論が変わると前藩主の腹心も首を斬られる

長野主膳（彦根藩家臣：四十八歳：一八六二年九月二十日：文久二年八月二十七日）

大老井伊直弼を輩出した彦根藩は、幕末維新期に最後はどのような働きをしたかと問われると、大抵の人が「会津などと一緒に箱館まで戦ったのでしょう」と答える。当の彦根の人でさえ、そのように思い込んでいる場合が多い。

ところが実際には薩摩長州らと一緒になって戦っている。鳥羽伏見の戦いでは薩摩軍に砲撃陣地を提供して西軍の勝利を決定づけたし、小山・宇都宮の戦闘、会津攻めでも先軍の役割を果たした。下総流山で新撰組の近藤勇を捕らえたのも彦根藩であった。

この意外な事実の裏には彦根藩の藩論の変化がある。桜田門外の変の後に尊王攘夷論が力を増すと、彦根藩も例外とはなりえなかった。

こうなるといくら前藩主の腹心であっても立場が危うくなる。長野主膳は、京都洛西の隠れ家でひっそりと暮らしていたところを彦根藩士に踏み込まれ、連行された後に直弼を惑わした奸臣として首を刎ねられた。

幕府から検屍を行うのでそのままにしておくようにとの命令があったのだが、何時まで経っても検屍は行われず、そのうち幕府のほうが瓦解してしまった。

歌学の門人と称する人物によって埋葬されたのは実に十年も経ってからで、遺体は完全に白骨化していた。

国学、言語学、歌学などの学者であった長野は三百人近くもの門人を抱えていて、埋木舎時代の直弼が入門した時点では、長野のほうが師で格上だった。この同じ年の師がいなかったら弟子は、大老はもちろんのこと彦根藩主にもなれなかったであろう。

直弼が藩主、大老となると腹心の長野は京にあって幕府の朝廷工作を担当した。そして尊攘思想が力を持っていた京の様子を見て進言したために、直弼による安政の大獄が始まった。尊攘派からは京都大老とも呼ばれ、怖れられるとともに憎まれていた。

このような人物であるから、彦根は尊攘思想に変身したとアピールするためには殺すしかなかった。直弼の死は長野の責任だとして、僅か十五歳の藩主直憲の意志であるとの名目で上意討ちとなった。

長野ほどの人物を無意味に殺してしまった彦根藩は、先ずは幕府に続いて薩長にこき使われた揚句に、ポイッと捨てられている。

表向きは殺したことにして、実際は裏の藩主にしておけば生き残りの道を考え出してくれていたであろう逸材を無駄に失った時点で、彦根の運命は決まった。

幕末維新の死に様その十九

これほど無残な殺され方があっただろうか

猿の文吉（京都奉行所目明し：四十五歳：一八六二年十月二十二日：文久二年閏八月三十日）

井伊直弼が安政の大獄を行った時に大活躍したのが長野主膳、島田左近、そして猿（ましら）の文吉であった。この三人がいなかったら京であれほどの大量摘発は出来なかった。

目明しとして志士の捕縛にあたった文吉は、妹で祇園の芸妓だった君香が左近の妾となっていたので二人は親しい間柄だった。その左近が天誅第一号として田中新兵衛に暗殺され、長野主膳も主命により上意討ちになったと知ると、今度は自分の身が危ないと思ったことだろうが役目を休むわけにはいかなかった。

そんな時に土佐の岡田以蔵に捕まる。この男に目を付けられたが最後百パーセント命がない。文吉は「こんな男を斬っては刀の穢れになる」として絞め殺されたということになっている。

しかし本当のところはそんな生易しいものではない。文吉を捕らえた以蔵はまず裸にして縛りつけると肛門と睾丸に釘を打った。そして尿道口に竹串を突き刺した。文吉は三時間以上も悲鳴を上げ続けたので近くの人も気付いてはいたが、あまりの恐ろしさに近づくことが出来なかった。以蔵がいなくなった後も暫くは生き続けていたのだが、恐怖心のあまりに誰もやって来なかったので文吉は絶命してしまった。

以蔵はこの恐るべき事件の十日前に本間精一郎を暗殺しようとしたが刀を折ってしまい、田中新兵衛に助けられるという失態を演じている。そのために自棄になっていた以蔵によって、文吉は他に例がないほど残酷な殺され方をすることとなった。

幕末維新の死に様その二十

母を助けに行った孝行息子

多田帯刀（金閣寺寺侍：三十二歳：一八六二年十二月二十六日：文久二年十一月十五日）

安政の大獄を行った大老井伊直弼と腹心の長野主膳は、ともに一人の女を愛していたことで知られている。その女村山たかは近江国多賀大社不動院別当を父に、塔頭般若院住職の妹を母として生まれたが、僧職にあるものの子であるために表沙汰には出来ず村山家の養子とされた。

たかは「かずえ」の名前で座敷に出ているところを金閣寺の僧の隠し妻となって男子を産んだ。しかし又しても同じ理由から、僅かな手切れ金とともに母子は寺侍の多田一郎に渡された。

この酷い仕打ちに憤慨したたかは、般若院に戻って彦根藩士の世話をしているうちに埋木舎にいた直弼と深い仲になった。座敷に出る前には直弼の兄で彦根藩十二代藩主の井伊直亮の寵愛も受けたと言われている。そこにさらに長野主膳が現れた。主膳を直弼に紹介したのもたかである。こうして主従の間におかしな三角関係が生まれる。

安政の大獄の折にスパイのような働きをして活躍したたかだが、桜田門外の変が起き、桜田門外の変が起き、主膳は上意討ち、島田左近、猿の文吉は暗殺されるとなると母子の身も危険にさらされる。

一八六二年十一月十四日夜、京の隠れ家にいたたかは長州、土佐らの浪士に引き立てられて三日間の生き晒しとされる。あの冷酷無比な殺人マシーン岡田以蔵が殺さなかった唯一の例である。

当日不在だった多田帯刀は母を助けに行ったところを連行されてそのまま首を刎ねられた。その首は罪状とともに木の枝に吊るされている。

三日後助け出されたたかは、剃髪して妙寿と名を改め一八七六年九月三十日に六十八歳でひっそりと亡くなった。

幕末維新の死に様その二十一

六十年後に判明したテロリスト

塙次郎忠宝（国学者：五十六歳：一八六三年二月十日：文久二年十二月二十一日）

盲目の国学者として知られる塙保己一の息子次郎忠宝（ただとみ）は、父親譲りの優秀な頭脳の持ち主で幕府和学講談所に勤めていた。しかし廃帝事跡の研究を行ったとして江戸麹町三番町の自宅近くで暗殺されてしまった。

実際には忠宝が研究をしていたのは、幕府がオランダ人や朝鮮通信使などを遇した事例であって、廃帝の事跡などではなかったから、とんだ災難であった。

この犯人は長い間分からなかったが、一九二一年の六十年祭の席で渋沢栄一によって明らかにされた。

犯人は後に初代総理大臣となった伊藤博文と、東京大学工学部の前身で工学校を設立したり聴覚障害者の教育に努めた山尾庸三で、伊藤はこの暗殺によって桂小五郎に認められ正式に武士になることが出来たという。

後年伊藤は明治維新のことを「一発の銃も撃たず、一滴の血も流さずに平和革命を成し遂げた」と語って顰蹙をかっている。伊藤は自分の起こしたテロ事件や英国公使館焼き討ち事件のことなど忘れてしまっていたのだろう。

伊藤は、渋沢が語ったよりも十二年前に暗殺されているが、そのテロ事件の黒幕は中国で馬賊の取り締まりにあたっていた忠宝の孫清水谷静枝であるとの説がある。それが事実なら祖父の仇を討ったことになるが、定かではない。

幕末維新の死に様その二十二

新撰組生みの親は知り合いに暗殺された

清河八郎（浪士組統括：三十四歳：一八六三年五月三十日：文久三年四月十三日）

出羽清川生まれの斉藤元司は出身地にちなんで清河八郎と改めた。儒学を安積艮齋の塾から昌平黌、剣術は千葉周作の道場と、文武ともに当時としては最高の師に学んでいる。

このエリートが献策した「攘夷、志士の大赦、英才教育」の三策が幕末三舟の一人山岡鉄舟を通じて幕府に受け入れられたことから、清河は幕府徴募の浪士組を結成して将軍警護の為に京へ上る。

しかし清河は尊王攘夷論者であり、その先鋒になるとの建白書を朝廷に差出し攘夷決行の勅諚を得た。この豹変ぶりに驚いた幕府は清河らを江戸に呼び戻すが、十三人だけは残った。彼らこそ新撰組である。

勅諚を騙して取り上げた幕府に対して、清河は返還を迫り横浜の外国人居留地を焼き討ちにする計画を立てる。決行の二日前に知り合いの上山藩儒学者金子与三郎に呼ばれた清河は計略とは知らぬままにしたたかに酔った。ふらつく足で帰り道につくとすぐの一の橋を渡ったところで二人の武士が丁寧な挨拶をしてきた。見ればともに顔見知りの速見又四郎と佐々木唯三郎である。清河も答礼の為に笠を脱ごうとしたところで後をつけてきた四人に襲われた。さらに速見と佐々木にも一太刀ずつ浴びせられて絶命した。ほとんど切り離された首はひどく酒臭かったという。
テロリストの一人佐々木は後に坂本竜馬、中岡慎太郎をも暗殺したと言われている。

幕末維新の死に様その二十三

この破滅型の公家は誰に殺された

姉小路公知（公家：二十五歳：一八六三年七月五日：文久三年五月二十一日）

公家は自己保身型の人間が多い。羽目を外しさえしなければ一定の特権的地位が約束されているので自然とそのようになってしまう。

しかし幕末の姉小路公知は乗馬姿で海防巡検を行ったり、夜中に出歩くなどして旧習を破ろうとする破滅型のところがあった。急進的な尊王攘夷論者と思われていたのだが、勝海舟に説得されてからは次第に開国論に傾いていった。

御所の会議からの帰りを襲われたのはそんな時期だった。いきなり襲いかかった三人は供の持つ提灯をたたき落とした後に公知に斬りかかる。公家としては剛毅なところがある公知は笏で防いで相手に組みついて刀を奪った。このため犯人はとどめを刺せなかったのだが、重傷を負った公知は翌朝に絶命する。

公知が奪った刀を見た吉田東洋暗殺犯の一人那須信吾が「これは薩摩の田中新兵衛のものだ」と証言したために新兵衛が捕まったが、一言の弁明もしないままに自殺してしまった。

公知を襲った三人が誰であったかは全くの謎である。

テロリストは何故自らの命を絶った

田中新兵衛（薩摩藩士：二十三歳：一八六二年七月十一日：文久三年五月二十六日）

幕末には岡田以蔵、中村半次郎、河上彦齋など数多くの「人斬り」呼ばれるテロリストが現れた。薩摩の田中新兵衛もその一人で、元はと言えば薬種商の子だったのだが武士の株を買い集めた。この俄侍は天誅第一号と呼ばれる島田左近の暗殺によって名前が知られ、土佐の武市半平太と義兄弟の契りを結んだ。

そして以蔵が仕損じた本間精一郎をはじめ、渡辺金三郎、上田助之丞、大河原重蔵らを武市に言われるままに暗殺して、人斬り新兵衛と呼ばれる存在となった。

武市にしてみれば、新兵衛などただの殺人マシーンで本当に義兄弟になる気などさらさらなかった。

このテロリストが捕らえられたのは姉小路公知暗殺事件の刀が新兵衛のものだとの証言があったからで、刀を見せられるやいなや一言の弁明もなしに自らの命を絶った。

しかし新兵衛の刀は姉小路暗殺事件の数日前に何者かによってすりかえられていたというし、護衛役を務めた中条右京の話によると刀は公知が奪ったのではなく、犯人が投げ捨てていったのだという。これが本当ならわざと決定的な証拠を残して新兵衛に罪を着せたことになる。

人斬りとまで呼ばれた男にしては気の弱いところがあった新兵衛は「武士の魂をすりかえられるようでは俺も焼きが回ったものだ」と知人にこぼしたという。

新兵衛の自殺はこの一件を恥じたためだとも言われているが、死人に口なしで確かめようがない。

ただし最近の研究では、やはり姉小路暗殺事件の真犯人であるようだ。

幕末維新の死に様その二十五

美男美女の無残な死

佐々木愛次郎（新撰組隊士：十九歳：一八六三年九月十四日：文久三年八月十日）

あぐり（十七歳：同日）

新撰組で美男子と言えば沖田総司だということになっているが、元隊士らの証言によると沖田の風貌はそれほどでもなかったようだ。これに対して佐々木愛次郎は関係者全員が「稚児のようだった」「人形のようだった」と口を揃えているからして本物のようだ。

この美男子は正義感でもあって、暴れ者の芹沢鴨が大虎の見世物にいちゃもんをつけた時に仲裁に入ったことから、興行師の娘で美人のあぐりと知り合った。

あぐりも美男で正義感の愛次郎を気に入ったのだが、またしても芹沢が妾として差し出せとしつこく迫った。

切羽詰まった愛次郎に対して佐伯又三郎が「二人して逃げろ」と言ったが、これは芹沢と仕組んだ罠だった。待ち伏せしていた芹沢、佐伯らによって愛次郎は惨殺され、乱暴されたあぐりも舌を噛み切った。

二人の死体はそのまま野原に放置されるという新撰組らしい無惨な扱いをされた。新撰組には愛次郎のような正義感が生きていける場所はどこにもなかったのだ。一説では長州の間者であるのが発覚しての処刑だとも言われているが、これは正当化するための口実だろう。

二人を殺した佐伯は、この事件から僅か八日後に芹沢の根付を盗んだとの濡れ衣を着せられて首を刎ねられた。新撰組の処刑にはこれといった理由などはないのだ。

幕末維新の死に様その二十六

この男は一体何者だったのだ

新見錦（壬生浪士組局長：二十八歳：一八六三年十月二十五日：文久三年九月十三日）

新撰組の母体となった壬生浪士組局長の新見錦は、芹沢鴨とともに水戸藩の脱藩浪士だと言われているが水戸側の資料にはこの名前はない。

新撰組の隊服を作る時の署名は「親見」となっているところから「にいみ」ではなく「しんみ」と名乗っていたのではないかと思われるが確証はない。

さらに霊山護国神社に祀られているが、ここは勤皇の志士しか祀られない場所で、佐幕派の代表のような新撰組には縁のないところである。このことからスパイのような形で潜り込んでいたのではないかとも言われているが、これも確としたものではない。

壬生浪士組から新撰組と名前を変えた直後に局長から副長へと格下げになると途端に記録から名前が消えてしまう。

孤立状態におちいったであろう新見は局中法度違反によって切腹させられてしまうが、その理由も誰の命令だったのかも不明である。時期も九月十三日説、八月十四日説などがありはっきりしない。

水戸浪士の田中伊織が年齢や経歴が似ているので新見だと言われた時期もあったが、今では新家粂太郎説が有力である。しかしこれも推測の域をでない。
この男は一体何者だったのだろうか。

天誅組を結成した土佐の過激派

吉村寅太郎（土佐浪士：二十七歳：一八六三年十一月八日：文久三年九月二十七日）

幕末維新時には「天誅」という言葉が大流行した。何か少しでも気に入らないことがあると滅多矢鱈に「天誅」と叫んで、敵であろうと味方であろうと構わずに斬り捨てた。

一八六三年九月二十九日（文久三年八月十七日）に中山忠光を擁して大和で倒幕挙兵を行ったのは、そのものずばりの名前を付けた天誅組であった。大和代官所を襲撃して代官らを殺害し一時は千人以上にも膨れ上がったが、翌日に京で起きた政変により尊攘派公家が追放され長州藩が力を失うと急速にしぼんでしまった。

この挙兵に参加した吉村寅太郎は土佐の庄屋だったのだが、武市半平太の土佐勤皇党に加盟して脱藩して活動を行うようになった。

寺田屋事件に関係したことから薩摩藩に捕らえられて土佐に送られたのだが、再び脱藩して天誅組の挙兵に加わった。

天誅組は人数も少なく計画性が無いものだったことから、あっという間に壊滅状態になることは最初から分かりそうなものだが、当の本人らは大まじめだったので始末が悪い。

重傷を負った寅太郎らは自刃している。

この後、生野でも尊王攘夷論者による同様の挙兵があったが、もっと呆気なく敗れ去っている。天誅組といい生野といい、自分に都合の良いように解釈して計画性もないままに行動するものだから成功するわけがないのだが、昭和の五一五、二二六の両事件も同じようなものだった。さらにガタルカナル、インパールに至るまで同じ失敗をしている。

幕末維新の死に様その二十八

新撰組でさえ手に負えなかった無法者だったのか？

芹沢鴨（新撰組局長：三十四歳：一八六三年十月二十八日：文久三年九月十六日）

無法者揃いであった新撰組の中でも水戸出身の芹沢鴨ほど傍若無人ぶりを発揮した男はいない。自分達の泊まる部屋が用意されていなかったからとの理由で宿場の真ん中で盛大に焚き火を行ったり、大坂の力士と乱闘を起こして相手を斬り殺したり、島原の遊郭を焼き討ちにしたりと止まるところを知らない無法者だった。あの有名な隊服を作らせたのも芹沢だが、その代金は総て踏み倒してしまっている。

ただしこれらの話には創作されたものが多く、実際にこのような乱暴狼藉を働いたという確かな証拠は乏しい。恐らくは近藤勇、土方歳三らが自分達の行いを正当化するために言ったのだろう。

これほどの乱暴者だから新撰組でも手に負えなくなり、酔って寝ているところを腹心の平山五郎らとともに惨殺される。

この時に一緒に切り殺されたお梅は太物問屋菱家の妾で、芹沢が注文した着物の代金を支払わないので取り立てに行ったところ、金を払うどころか無理やりに妾にされてしまった。お梅は、この憎んでも余りある男を守ろうとしてズタズタに斬られた揚句に土方歳三に首を刎ねられたという。その死体は夏場のことゆえ放置も出来ず、菱家に引き取らせようとしたが「暇を出した」として相手にされない。そのため仕方なく無縁仏とされたというから哀れでならない。

この事件の犯人はもちろん近藤勇、土方歳三らであることは誰の目にも明らかだった。それなのに「芹沢先生が殺されたと聞きました」と下手な演技をして駆け込んできた姿は、怖さを通り過ぎて滑稽であったと関係者が口を揃えている。

新撰組はこの内ゲバの犯人を美男子として有名だった十七歳の少年隊士楠木小十郎であったとしている。楠木は後に原田佐之助に長州藩の間者であったとの濡れ衣を着せられたまま惨殺されている。新撰組のやり方は何時もこの程度の見え透いているものでお粗末としか言いようがない。

だが、ここまでの芹沢に関する話はかなり脚色されたものばかりで信憑性に乏しい。実際の芹沢は気さくで子ども好きなところがある一廉の人物だった。殺されたのは乱暴者だったからではなく、幕府に雇われている新撰組内にあって尊王思想の持主だったのが本当のところであろう。新撰組の公式発表など信ずるに足らぬものばかりなのだ。

幕末維新の死に様その二十九

義憤に駆られた志士だなど大嘘

水井精一（長州藩士：二十六歳：一八六四年：元治元年二月二十六日）

一八六四年二月二十六日、大坂南御堂門前に斬奸状とともに斬った相手の首を梟し、自らも切腹して果てた二人の男がいた。

首を梟されていたのは薩摩藩御用商人の大谷仲之進。腹を切ったのはともに長州藩士の水井精一と山本誠一郎であった。さらに三月十日には同じく長州藩士の高橋利平衛も後を追った。

斬奸状によると攘夷の方針に逆らって貿易を行っていた大谷を奸賊として成敗し、自らも抗議の意を示すために腹を切ったとあったので、三人は「義憤の志士」と呼ばれた。

ところが真相は大谷殺害とは全く関係がない三人を「義憤の志士」とすることで、同情を長州に集め薩摩に非難を集中させるために仕組まれたものだった。

長州藩の陰謀で犯人にされることになった三人は「切腹しなければ殺すまでだ」と脅される。そのため水井はやむなく腹を切ったが、山本は逃げ出そうとしたところを殺され、高橋も同じように葬られた。

　この身勝手で冷酷非道な筋書きを考え出したのは蛤御門で戦死した久坂玄瑞である。このような形で命を絶たれては三人とも死んでも死にきれない。長州には新撰組も顔負けしてしまうようなこの手の話が実に多い。

御用改めでござる

池田屋騒動（一八六四年七月八日：元治元年六月五日）

一八六四年七月八日（元治元年六月五日）早朝、新撰組はかねてから内偵を進めていた四条木屋町の枡屋喜右衛門方に踏み込み、多数の武器弾薬、秘密書類を押収するとともに喜右衛門を連行する。土方歳三によって逆さに吊るされて足に釘を打ち込まれ蝋燭を立てられるという凄まじい拷問を受けた喜右衛門は、自分が近江の郷士古高俊太郎であることや、翌日に迫った祇園祭の日に市中に放火をして混乱に乗じて天皇を長州に遷すという計画を喋った。

これに慌てた新撰組は、京都守護職及び京都所司代に報告するとともに市中の探索を始める。

一方、古高が捕まったことを知った尊攘派は、急いで廻状を回して三条小橋の西にある小さな旅籠池田屋に集合して善後策を巡らすこととなった。

午後の十時頃に踏み込んだ時の人数は「御用改めでござる」との声を上げた近藤勇以下五名であった。その頃の新撰組には病人が多かった上に半分に分けていたので、これがやっとであった。

新撰組は最初から池田屋に集まっているのを知っていたという説と、たまたま出くわしたという説とがあるが、これは後者のほうが真実だろう。というのは新撰組は小人数の敵を大人数で襲うという戦法をとっており、二十数名も集まっているところに僅か五名で斬りこんでいくほどの技量も度胸もないからである。

ともあれこうして始まった斬り合いで肥後の宮部鼎蔵、土佐の北添佶摩らが切り倒され、長州の吉田稔麿、土佐の望月亀弥太らは自害した。他にも会津藩兵らに斬られた者も多く全部で十六名が命を失った。しかし無関係の者も多く、実際の尊攘派は半分ほどだった。

この事件の影響は大きく、激昂した長州藩の尊攘派は京に向けて諸隊を次々に送り出し翌月に蛤御門の変を起こす。

池田屋騒動は明治維新を一年遅らせたとも早めたとも言われているが、本当のところは分からない。長州藩士らが最初に考えていたようなことが行われていたら明治維新に対する評価は随分と違ったものになっていたことだろう。

幕末維新の死に様その三十一

開国論者凶刃に倒れる

佐久間象山（松代藩士：五十四歳：一八六四年八月十二日：元治元年七月二十一日）

秀才というものは人を見下す傾向が見られる。幕末維新期においてはきっての学識の持ち主であった佐久間象山は、子供の頃からその傾向が強かったために喧嘩が絶えなかったという。

三つにして易の六十四卦を諳んじたほどの秀才は、藩主真田幸貫に気に入られて漢学や西洋式の砲術、オランダ語などを学んで名が知られるようになり、吉田松陰、坂本竜馬、河合継之介、橋本佐内などが弟子入りする。中でも勝麟太郎は象山の書斎「海舟書屋」から号を取るほど親しかったので妹を嫁がせている。

ペリーの艦隊がやってきた時に松陰に密航を勧めたのも象山であった。しかし計画は失敗して松陰は国許に送られて入牢し後に安政の大獄で死罪となったのはよく知られている。唆したとされた象山も蟄居を申しつけられて九年間も活躍の場を失ってしまった。しかしその間にも研究は続けていて地震予知機や電池などの製造に成功しているのは流石である。

そのうち時代がこの秀才を必要とすることになった。土佐は中岡慎太郎、長州は久坂玄瑞を送って自分の藩に招こうとしたが象山は同意しなかった。長州藩が伊藤博文、井上馨らをイギリスに送ったのは象山の意見に従ったものだという。

象山が招かれたのは京だった。尊攘派によるテロ事件が頻発しているところに開国論者が行くのは大変に危険なことだったが、自信家の象山は出向く。そして洋式の馬具をつけた白馬に跨るという目立つ姿で京の町のそこここに姿を見せるようになる。

近く長州藩が京に攻め込んでくると感じ取った象山は、天皇を警備の薄い京ではなく彦根に遷そうと計画していたところを「人斬り」の一人河上彦齋らのテロリストに倒される。三条大橋に張り出された「斬奸状」によると、天皇を遷そうとするのが不忠であるとして暗殺したという。

しかし彦齋は象山の業績、人物を知り「人斬り」とまで言われた男が、以後は一切テロ活動を行っていない。後に高田源兵衛と名を改めて諸藩を遊説したが、その時に松代藩にも立ち寄っている。象山の息子三浦敬之助が仇討をしようとしていると聞いて「本望を叶えさせてやりたいものだ」と言ったという。

彦齋は後に自分が木戸孝允に利用されていたのを知って激怒し、つかみかかって鼻先に怪我を負わせたがとめられる。そしてこの一件が元で不穏分子として捕らえられて斬首されている。

敬之助のほうは、何を考えたのか父親とは全く相容れるところがない新撰組に入隊したが、脱走して薩摩軍に加わりかつての仲間らと戦った。維新後には松山裁判所判事となったのだが鰻中毒という実に情けない理由で急死するという出来の悪い息子であった。

幕末維新の死に様その三十二

関ヶ原の戦い方をしていては勝てるわけがない

禁門の変（一八六四年八月二十日：元治元年七月十九日）

佐久間象山の危惧は象山暗殺から僅か八日にして現実のものとなる。八月十八日の政変、池田屋騒動などで京から駆逐された長州藩尊攘派が失地回復を図ろうとして兵を京に集めた。

この頃、関東では水戸の天狗党が筑波山で挙兵していた。また参与会議は幕府側と公武合体派諸藩との意見不一致から瓦解した。このような情勢を受けて「関ヶ原の恨みを晴らす時が遂にやってきた」との判断を下す。特に来島又兵衛、久坂玄瑞らが強硬だった。しかも彼らを長州に逃れていた公家や寺田屋騒動のブレーンの一人真木和泉らが後押しをする。

こうなると高杉晋作がいくら止めに入っても力を持たない。七月十九日未明に家老の国司信濃が率いる八百と来島・久坂が指揮する千百とが嵯峨を進発すると、家老の益田右衛門介と真木が率いる六百は山崎から、家老の福原越後の隊五百は伏見から京への進行を目指した。

こうして三方向から連携を取り合って攻め込み京を支配するつもりでいたのだが、福原隊は大垣藩兵の攻撃により退却を余儀なくされ福原自身も負傷する。

会津藩兵が防護する蛤御門に殺到した国司隊は一時は御所の内部にまで侵入するほどの攻勢を掛けた。会津を応援する薩摩、桑名藩兵が到着すると流れ弾が禁裏内にまで乱れ飛ぶほどの激戦となり、宮中内の殿上人は震えあがって逃げ回り、後の明治天皇祐宮は失神して運ばれた。

禁門の変が蛤御門の変とも呼ばれるのは、この一帯での戦闘が最も激しかったからである。

国司隊は善戦したが兵力に圧倒的な差があった上に関ヶ原の戦い方をしていたのでは勝てるわけがない。乱戦の中で狙い撃ちされた来島は戦死、重傷を負った久坂は同志の寺島忠三郎と刺し違えて果てる。

かつて豊臣秀吉が明智光秀に大勝利した故事に倣って天王山から出陣しようとした益田隊は、相次ぐ敗戦の報に浮足立ってしまい戦いらしい戦いもしないままに西へと逃れた。その後を福原隊が追いかけるという始末で戦闘は一日にして終わる。

天王山に籠った真木らは、新撰組、会津・桑名の藩兵らに囲まれたために本営に火を放って切腹し誰のものか分からない黒こげの死体となった。

一日で終わりはしたが被害は大きく、二万八千軒もの家が焼失したために住む家もない人々は昼は死体に群がるハエの大軍、夜は蚊の集団に悩まされた。加えてこの年は冬の訪れが早かった上に近年になかったほどの厳冬となったために、京の市民は最悪の正月を迎えないといけなかった。

戦争によって一番大きな被害を被るのは何時の世も関係のない弱い人々である。それでも一月も経たないうちに二畳敷きほどの筵小屋があちこちに立ち並び商売を行っていたというから、何時の世にも一番逞しいのは名もない庶民である。

戦火が六角獄舎に迫った頃、新撰組の手によって三十七人もの国事犯が斬り捨てられたが、その中には池田屋騒動のきっかけとなる自白を行った古高俊太郎、前年に生野で挙兵を行った平野國臣らも含まれていた。

これだけの大事件を起こしたのだから長州が征伐されることとなったのも無理からぬところだが、理由が京の人々に耐え難い犠牲と苦しみとを与えたことではなく、禁裏への発砲であったから何とも釈然としないものがある。

降伏を受け入れた長州藩は攻め込んだ家老三人を切腹させるとともに、参謀ら十人を戦犯として処刑する。

禁門（蛤御門）の変は失地回復を狙った長州藩尊攘派による暴走だったが、東の水戸天狗党とともに尊王攘夷運動の限界を知らせる事件であった。

しかし尊攘派の多くは、そのようなことに気付かないまま相も変らぬ運動を続けて悲劇を重ねていく。

幕末維新の死に様その三十三

長州藩の藩論が変わったために

中山忠光（公家：二十歳：一八六四年十二月十三日：元治元年十一月五日）

天誅組が擁立した公家の中山忠光は、ぐねぐねとした威張り屋で自分だけは馬に乗って楽をしているのに重装備で徒歩の兵を叱り飛ばしたりしたので、吉村寅太郎らも「こんな男では」と思ったことだろう。

天誅組の呆気ない壊滅の後は長州へと逃れたのだが、大敗北を喫した禁門の変に続いて四ヶ国艦隊の砲撃を受けたりすると、長州藩は窮地に立たされ幕府に対する恭順の意を示さないといけなくなる。

こうなると忠光に対する扱いは変わってくる。それまでは護衛をつけるほど丁重に扱ってきたのだが、厄介者となってしまい身柄を転々と移した揚句に絞殺した。

亡くなったのを知った中山家からの問いかけに対して、長州藩は「酒好き女好きで、それが原因で体調を崩して病死した」と答えている。

もっともこれはある程度事実で、忠光は何時も十人ほどの女に囲まれて酒を飲み続けていたから、たとえ殺されなくても早死にしていただろう。

暗殺が発覚したのは、侍女の一人で事実を隠すために幽閉された恩地登美が後に下関の実家で父親に真相を話したがためである。

妊娠していた登美は間もなく女の子を産んだが、その子の孫が「流転の王妃」と呼ばれた愛新覚羅浩であり、そのまた娘が「天国に結ぶ恋」の慧生である。慧生が亡くなったのは忠光と同じ二十歳であったのも何となく因縁を感じさせる。

明治天皇は忠光の姉の子なので中山家の血は今でも天皇家に流れている。

幕末維新の死に様その三十四

従容として切腹したなど大嘘

中村円太（福岡藩浪士：三十一歳：一八六五年一月）

禁門の変によって藩論が幕府への恭順と決まった時に高杉晋作は一時的に福岡藩へと逃れる。手引をしたのは福岡藩を脱藩した中村円太だった。

その後、高杉は奇兵隊らを率いて藩政府軍と戦い大勝利を得る。しかし中村はあまりの大勝が面白くなくて下関の芸妓を連れて福岡へ帰ってしまい。それからは横暴な態度を取り続けたために捕らえられてしまった。

中村円太の最期は「自分の犯した罪を悔い改めて従容として切腹したので江上栄之進が涙を呑んで介錯した」ということになっている。しかし実際は「横暴な態度を取り続けた」という濡れ衣を着せられたことに対して、かっと目を見開いて抗議しようとしたところを江上が斬り捨てたのを切腹に見せかけるために右手に短刀を持たせたのであった。

尊王攘夷論者であった中村は維新の志士として「従容として切腹した」のでなければ都合が悪いために、このような大本営発表がなされたのだが、その日付が事件から七十年近くが経った一九三三年。そんな時代になってもまだ尊攘派を褒め称える必要があったのだろうか。

幕末維新の死に様その三十五

血も凍る大量処刑

水戸天狗党（一八六五年二月〜三月）

幕末の安政大地震で圧死した水戸藩の藤田東湖は、生前四男の小四郎を「自分が早く死んだらあの子は周りの手に負えなくなるだろう」と憂いていた。

藩主に随行して上洛した小四郎は、東湖の遺子であることから尊王攘夷論者にもてはやされていくうちに増長して父の予想通りに自分を見失っていった。この辺りは今でも親の七光だけが頼りで実力を持ち合わせていない二世、三世によく見られる構図である。

水戸に帰った小四郎は、自分こそが藩内の尊攘論者を纏めるに相応しいとの思い違いをして筑波山で水戸天狗党を決起挙兵する。こうして長州などの尊攘過激派と連携して幕府に攘夷を迫るというのが小四郎の考えだった。

最初は百七十人ほどだった天狗党だが、次第に数を増やして千人を超えるまでになる。彼らは白鉢巻きに、白襷、白袴という姿で肩をそびやかして歩き、資金調達と称して豪商からはもちろんのこと百姓、町人からも強制的に金品、食料を奪い取った。渋ると百姓の一人や二人は芋か大根でも切るように笑いながら叩き斬ってしまう。三、四歳の子供にまで頭を下げさせて奢り高ぶるという傍若無人ぶりだった。

後に新撰組の母体となった壬生浪士組を結成した清河八郎は、天狗党に期待をかけていたのだが実態を見て仲間にするにあたらぬ相手だと思ったという。

水戸藩の執政武田耕雲齋も、このような過激であくどいやり方に眉を顰めていた一人だった。しかし幕府軍が介入してくると天狗党の問題は水戸藩内だけのものではなくなってくる。重役としての立場を考えると、彼らを説得して取り潰しという重大事態から藩を救わないといけなくなってくる。武田は止むに止まれぬ理由から在府していた江戸を立って水戸へと向かう。

水戸に帰った武田を待ち受けていたのは激しく対立していた政敵の市川三左衛門であった。天狗党討伐の中心となっていた市川は、武田の入城を許さなかった上に執政の職を奪ってしまう。こうして武田は嫌っていた小四郎らと合流して天狗党の総大将に祭り上げられるというおかしな事態になる。

那珂湊で市川らと戦った天狗党は、相手に幕府軍が加わったことから敗れて西に逃げ出し京へと向かう。そこにいる一橋慶喜に訴えて尊王攘夷の意を朝廷に伝えてもらおうとしたのだ。

上州路、信州路と辿る天狗党は幕府から討伐命令が出ている賊軍であった。ただでさえ評判が悪いのに賊軍とあっては、街道筋にある諸藩は戦々恐々となり人々は怖れおののいた。しかし武田が加わったことにより統制が取れるようになっていた天狗党は、定め通りの旅籠賃を支払ったし乱暴は働かなかった。拍子抜けしたこともあってか、歓待とはいかないまでも追い払うようなことはしなかった。

京に近づくにつれて諸藩の態度は厳しくなっていく。越前大野に着いた時は猛吹雪だった。しかしそこには身体を休める家屋敷は見当たらない。天狗党に宿舎、食料、燃料を与えないために民家が総て焼き払われていたのだ。
雪中露営を余儀なくされた天狗党だが、さらに悲惨な目に遭ったのは自分達とは関係のないことで全財産を失うことになった人々のほうだ。

この越前で待ち構えていた加賀藩の軍勢から天狗党は意外なことを聞かされる。彼らを討伐せよとの命令は、頼みの綱としていた慶喜から出ていたのだった。意気消沈した天狗党はやむなく加賀藩に下る。

武士の情けとして加賀藩から丁重な扱いを受けていた天狗党だが、慶喜から処置を一任された田沼玄蕃頭が到着するや扱いは一変した。肥料用の鰊などを貯蔵する蔵に五十人ずつほど入れられることとなった。上の方にある窓には逃走を防ぐために板を打ち付けたので真っ暗になった。床は筵を敷いているだけなので凍えるように寒い。一日二回の食事は握り飯一つにぬるま湯だけ。四斗樽に板を渡しただけの便器を蔵の真ん中に置いたものだから息もつけないほどの悪臭が満ちた。その中に左足に重い足かせをつけて入れられた。

取り調べは「合戦をしたか」と聞かれるだけ。「はい」なら死罪で「いいえ」だと流罪、もしくは水戸藩渡しとなった。こうして斬首となったものは実に三百五十三名。他にもあまりにも劣悪な環境の為に病死する者も多く四百名以上が犠牲となった。

これだけでも他に例を見ない残酷さだが、水戸ではもっと凄まじい処刑が行われた。武田の家族も屋敷が没収された上に狭く暗く汚い牢に押し込まれた。食事は一日二回、沢庵だけがおかずという粗末なものだったが、珍しく刺身がついた時が最後の食事となった。

武田の妻ときは塩漬けにして送られてきた夫の首を抱かされた上で首を斬られた。また武田らの首を獄外に並べて「今は花見の季節だが、お前らは花の代わりにこれでも見ろ」と言ったという。九歳の息子桃丸は首を斬られる時に「痛くないように斬れ」と一喝したという。

三歳の金吾の処刑はもっと惨たらしくて、母に取りすがり泣きだしたので首切り役人も手を出しかねたが町与力が取り上げて膝下に押し付けて刺し殺したとも、首を縮めたので袋に入れて上からお菓子を見せてつられたところを斬り落としたとも伝えられている。いずれにしても地獄の鬼でさえ震えあがってしまうほどの残酷さだ。

この幼子の首は「徒党を組み悪計を企てた逆賊」のものであるとして町外れに梟された末に捨てられた。

これほどのことを行ったのでは処刑を命じた市川らも無事では済まない。維新後に勢力を盛り返した元天狗党は次々に報復の暗殺事件を起こす。特に武田の孫金次郎が帰国してからは金次郎嵐と呼ばれるほどテロ事件が頻発して水戸は壊滅状態となる。

人材の総てを失った水戸は明治になってから活躍らしい活躍をしていない。したくても出来るような人間はもういなかったのだ。金次郎も伊香保温泉の風呂番として一生を終えている。武田耕雲齋の孫というだけでは活躍できないのである。

幕末維新の死に様その三十六

この男は新撰組には似合わない

山南敬助（新撰組総長：三十三歳：一八六五年三月二十日：元治二年二月二十三日）

元仙台藩士の山南敬助は色白で愛嬌のある顔立ちで温厚篤実な人物で誰からも好かれていた。学問が出来る上に、剣は北辰一刀流の免許皆伝、柔術も得意という文武両道に優れる男であった。

これほどの人物だから新撰組では局長の近藤勇に次ぐ総長という高い地位に就いた。隊士はもちろんのこと京の人々にも慕われていたが、副長の土方歳三とは馬が合わず池田屋騒動にも加わらなかった。伊東甲子太郎が入隊してくると同じタイプの人間なので意気投合するが、宙に浮く存在となってしまう。

自分の居場所は無くなったと感じ取った山南は、脱走をしたのだが追いかけてきた沖田総司によって連れ戻された上に局中法度違反で切腹させられている。

テレビや映画では決まってこの時に全員が号泣することになっているが、新撰組でそのようなことを行ったら最後、泣いた方も命が無い。

山南ほどの人物なら他に幾らでも活躍の場はあったのだが、よりによって新撰組などに入ったがための悲劇であった。人は自分にあった場所を選ばないといけない。

幕末維新の死に様その三十七

テロを命じた者と実行した者

武市半平太（土佐藩士：三十七歳：一八六五年七月三日：慶応元年閏五月十一日）、**岡田以蔵**（土佐藩士：二十八歳：同日）

「月様、雨が」「春雨じゃ、濡れて行こう」とは新国劇の当たり芸「月形半平太」の名台詞だが、モデルとなった武市半平太は、このような粋な男ではなく血も凍るテロ至上主義者である。

武市の土佐藩には士農工商に加えて全国でも最も厳しい身分差別があり、行動や日常生活様式にまで制限が加えられた。元長宗我部家の家臣であった者の子孫である郷士は雨が降っても傘をさすことが許されず、山内家の家臣である上士が通りかかると直ちに土下座をしないといけなかった。

このあまりにも厳しい身分差別の為に土佐の郷士は次々に脱藩していくこととなった。その中で武市が例外的に脱藩しなかったのは、郷士の中でも「白札」と呼ばれる特別な身分で制限はあるものの最下級の上士としての扱いを受けたからだった。

武市は水戸、長州、薩摩らとともに倒幕を行う手段として土佐勤皇党を結成する。しかし土佐が一番遅れていると感じ取った。追いつき追い越す手段として考え出したのが暗殺だった。ただし武市自身は手を汚さない。

テロの手駒として選ばれたのが岡田以蔵である。郷士の中でも最下級の足軽である以蔵にしてみれば白札の武市は雲の上の存在だ。そんな人物に認められたと思って狂喜する。そして武市の為なら何でも行うヒットマンとなる。


以蔵の最初の仕事は土佐の目付井上佐一郎殺しだった。井上が武市が命令した吉田東洋暗殺犯を捜していると聞いて、泥酔させた揚句に惨殺した。以後、テロリズム至上主義に陥った土佐勤皇党は暗殺を多用していく。中でも以蔵は武市の手足となって本間精一郎、渡辺金三郎、宇郷重国らを手に掛ける。猿の文吉殺しの残酷さは前にも書いたとおりである。

武市の暗殺命令は茶飲み話の中で嫌いな人物の名前を挙げるだけだった。こうすれば以蔵らの土佐勤皇党が斬り殺してくれるのだ。以蔵が斬り殺したのは判明しているだけで二十名を超えるから、まさに人斬り以蔵である。坂本竜馬、田中光顕らが土佐勤皇党を離れたのは武市のテロ至上主義に嫌気を感じたからに他ならない。

このような暴走が何時までも許されるわけがない。藩政改革に乗り出した山内容堂は次々に勤皇党員を捕えては拷問にかけた。目的は、もちろん武市の逮捕である。しかし勤皇党員は誰も武市に命令されたとは言わなかった。またリーダーの武市を捕らえると郷士の反乱を招く恐れがあった。

そうこうしているうちに禁門の変などにより尊攘派の力が衰えると勤皇党も力を失う。時は今と武市の捕縛に踏み切る。武市は自分の名前を白状するのではないかと恐れ、郷士である牢番を巻き込んで弟の衛吉ら獄中にある多数の勤皇党員を毒殺していく。

そんな中、京でつまらない喧嘩を起こして相手を斬ったために以蔵が捕らえられた。偽名を使い土佐のものだと言ったが、土佐が否定したために無宿者として追放される。今度は土佐の警吏に捕まった以蔵は一番激しい拷問を受けたが、武市の名前は決して口にせず忠誠を守ろうとした。

しかし武市は以蔵など仲間と思っていない。思いのままにテロを行ってくれる殺人マシーンでしかなかったのだ。もはや必要がないどころか自分に害をなす存在となった以蔵を武市は毒殺しようとする。体が丈夫な以蔵は毒薬には耐えたが、自分を殺そうとしているのが信頼している武市であるという精神的ショックには耐えられなかった。自暴自棄となった以蔵は洗いざらい話してしまう。

こうなると武市はもちろんのこと、用済みとなった以蔵にも生きていける道はない。武市が切腹を申しつけられたのと同じ日に無宿者として斬首された以蔵の首は、利用され続けられた揚句に裏切られた悲しさから落とされた後も涙を流し続けた。

以蔵が作ったと言われる「君が為　尽くす心は　水の泡　消えにし後は　すみ渡る空」という辞世は明らかに他人の作である。以蔵は無学で辞世など作れない。また殺され方とあまりにもかけ離れている。このような辞世を創作して武市、以蔵を美化させようとする魂胆が丸見えとなっている。

武市によってテロリスト集団と化した土佐勤皇党は壊滅する。脱退した者も多くが、戦死、暗殺などで維新前後に命を失い、明治になってからも活躍したのは会計検査院長や宮内大臣などを歴任した田中光顕ぐらいである。

その田中は武市に嫌気がさして早々と脱退したのだが、武市の妻富を四十年以上も捜し続け遂に見つけた時には富は七十七歳となっていた。幕末維新の志士で恩返しをしたのは後にも先にも田中一人である。

幕末維新の死に様その三十八

饅頭屋はイギリスに行きたかった

近藤長次郎（亀山社中：二十九歳：一八六六年二月二十八日：慶応二年一月十四日）

坂本竜馬ファンなら「饅頭屋」と言ったほうが通りが良い近藤長次郎は、子供の頃から向学心に溢れていたが貧乏なために塾に通う金がない。そのため小屋の外に漏れ聞こえる講義を毎日書き写すほどの勉強家だった。

竜馬の亀山社中に入ってからは商人の知恵を活かして片腕として活躍し「饅頭屋がいれば安心だ」と言われるほどになる。そして長州藩に銃四千挺と蒸気船ユニオン号を仕入れるという仕事を成し遂げる。しかしこの大手柄が元々独善的なところがあった近藤をより増長させ孤立させた。

近藤はこの金の一部を着服した。別に私腹を肥やそうとしたのではなく、向学心を満たすためにイギリスに行って勉強がしたかったのだ。仲間に黙って渡ろうとしたのだが、あいにくとその日は悪天候だったために引き返したところを見つかった。そして隊則違反だと激しく咎められた。特に竜馬と一緒に脱藩した沢村惣之丞などは「饅頭屋には恥というものが無い。こんな時にわしら武士は潔く腹を切るが、饅頭屋では腹を切ることなど出来まい」と罵った。

その夜、誰もいなくなった部屋で近藤は「饅頭屋でも腹を切るぞ」とばかりに切腹して果てる。介錯がいなかったために激痛と無念さにのたうち回ったことがありありと分かる死に顔だった。

不幸なことにこの事件は竜馬が留守の間に起きた。近藤の無念の死を聞いた竜馬は「わしがいたら腹を切らせるようなことはなかった」と悔やんだ。近藤が着服した金はごく僅かで手柄に比べると取るに足らないものだった。誰かに事前に打ち明けていたら状況も変わっていたのだろうが、本当の意味での仲間がいない近藤には竜馬以外に相談出来る相手がいなかった。

近藤を罵った沢村は、竜馬の死後に海援隊が長崎奉行所を攻撃した時に誤って薩摩藩士を撃ってしまった。薩摩側は「過ちだから責任を感じなくてもよい」と言って止めたのだが、腹を切って果ててしまう。その時に近藤のことを思ったのだろうか。

幕末維新の死に様その三十九

長州藩の内ゲバはしつこくて凄まじい

赤根武人（奇兵隊総督：二十九歳：一八六六年二月十七日：慶応二年一月二十五日）

高杉晋作が創設した奇兵隊の初代総督となった赤根武人は、安政の大獄の時に入水自殺した月性や獄死した梅田雲浜の塾、さらには松下村塾でも学ぶという向学心の持ち主だった。

総督に推薦されたのも能力をかわれてである。穏健な考え方の持ち主であった赤根は、藩内が一つにまとまることが先決だとして説得に回り成功する。しかし高杉のクーデターにより藩内の意見は過激な尊攘論一本になってしまった。自分の努力が無駄になったのを知った赤根は、新撰組の伊東甲子太郎のもとに身を寄せるという意外な行動をとる。

その後、長州に戻ったところを山県有朋によって捕らえられ何の取り調べもないままに処刑されてしまった。その方法は斬首の上、梟首にしてさらに腸を引きずり出して晒しものにしたり、死体を通行人に踏ませるという、地獄の鬼でさえ震え上がるほど惨たらしいものだった。

赤根の遺族は名誉回復を図ろうとする度に山県によって邪魔をされ、第二次大戦が終わるまでひっそりと暮らさないといけなかった。そして公式には今でも罪人のままであるから、長州藩の内ゲバはどこよりもしつこくて凄まじい。

赤根の表向きの罪状は「馬関戦争の時の敵前逃亡」である。ところが実際は全く逆で、敵前逃亡を行ったのは山県であり赤根は最後まで踏みとどまっている。赤根に冤罪を着せた山県は、この後も敵前逃亡を行っては責任転嫁をするという卑劣な行為を繰り返す。赤根よりも山県が処刑されたほうが日本にとって幸せだったのだが、現実は上手くいかないものである。

幕末維新の死に様その四十

この将軍だったから幕府は潰れなかった

徳川家茂（江戸幕府第十四代将軍：二十一歳：一八六六年八月二十九日：慶応二年七月二十日）

江戸幕府第十四代将軍として、英明さをかわれた一橋慶喜と血統が重んじられた紀州藩主徳川慶福とが推薦されて争った話はよく知られている。

この時に慶喜を将軍としていたら逆境を乗り切ってさらに幕府を続けていたと言われることがあるが、実態は逆で慶福から名前を改めた家茂が将軍となったから十五代まで続いたので、慶喜が十四代将軍となったら徳川幕府はそこまでだったろう。

家茂は慶喜と違って「いざという時に役に立つ男」で、激動の時代の難局を先頭に立って乗り切ろうと努力している。有名な和宮との婚姻も、それによって日本が一つにまとまると思ってのことだった。典型的な政略結婚だが夫婦仲は良く和宮がいじめられそうになるとかばった。家臣の失敗を咎めることはなく常に不問に処した。また当時の人間としては珍しく側室を持っていないと伝えられている。性格は剛毅なところがあるのに温厚で誰に対しても分け隔てなく接したので、家臣らは「この将軍の為ならいつでも死ねる」と思ったという。

第二次長州討伐に自ら出陣したのも責任感の強さゆえだった。在陣していた大坂城で意味不明のうわごとを叫び身体を震わせて亡くなったことから「毒殺された」「豊臣家の呪いだ」などと言われているが、脚気衝心の典型的な症例であり、甘いものが大好きだったことが災いしてのビタミンB1不足の為に亡くなったのだ。

幕末維新の死に様その四十一

幕府よりの天皇は暗殺されたのか

孝明天皇（天皇：三十六歳：一八六七年一月三十日：慶応二年十二月二十五日）

幕末期の日本にあって徳川幕府を最も強く支持していたのは時の孝明天皇だった。だからこそ自分の妹和宮を婚約を破棄させてまで徳川家茂に嫁がせている。

幕府を倒して天皇を中心とする国を作ろうとしているのに、肝心の天皇が幕府を助けようとしているのでは尊攘派は面白くない。

そのためにこの天皇は尊攘派の公家、中でも岩倉具視によって暗殺されたとの説が当時も今もある。十二月十日に天然痘の為に床に就いた天皇は、一度快方に向かったものの二十四日になって容態が急変し翌日に亡くなった。

当時、この伝染病が宮中はもちろんのこと京で流行していたという記録はなく、天皇がなぜ感染したかは不明である。

暗殺説の中には伊藤博文によって刺殺されたというものがあり、後に伊藤を暗殺した安重根はこの一件を暗殺理由の一つに挙げている。また天皇が筆を舐める癖があるのを知っていた側近が硯に毒を入れていたなどの話もある。さらに後の明治天皇も長州藩の手で暗殺されて大室寅之祐なる替え玉が送り込まれたという話まである。理由は北朝系の天皇の血統を絶って南朝系にしたというのだが、あまりにも荒唐無稽すぎる。

暗殺説は、この天皇が亡くなれば尊攘派が力を得ることから出たものだが俄かには信じられない。いずれにせよこの天皇の死の真相は全くの藪の中である。

幕末維新の死に様その四十二

大本営発表ばかりが独り歩き

高杉晋作（長州藩士：二十九歳：一八六七年五月十七日：慶応三年四月十四日）

高杉晋作が創設した奇兵隊は、小説、テレビ、映画などでは旧来の身分差別のしがらみから解放されて誰もが自由で平等な暮らしが出来るようにとの思いのもとに集まった青年達のように描かれている。そして正規軍よりも強くて倒幕の中心勢力となったと言われている。山口では今でも「平成の奇兵隊」といった言葉が独り歩きしている。

しかし実際の奇兵隊は「どこにも行けないから奇兵隊にでも入るか」と、とんでもない鼻つまみ者が集まってきた柄の悪い集団だった。

さんざん飲み食いした揚句に料金を踏み倒すのは毎日のように行っていたし、料亭の燈籠を盗んで返してくれるように頼みこんでいった主人をいきなり斬り殺すという傍若無人ぶりだった。

「隊の法を犯す者は罰し、略奪を犯す者は死す」とは奇兵隊の本陣の前に掲げられた告示だが守られたことはない。特に酷かったのが後に明治政府の要人となる山県有朋、野村靖他であった。また身分を問わずと言いながら一番差別が酷かったのが当の奇兵隊である。奇兵隊を美化したのは山県達で自分達が、そのようなとんでもない集団であったと分からせないために行ったのだった。

高杉の功績として語られるものに四国艦隊砲撃後の交渉術がある。賠償として三百万ドルを要求してきたイギリスに対して幕府の攘夷命令書を示して、命令したのは幕府なのだから賠償は幕府に求めろと主張する。

高杉は幕府に肩入れしているフランスとイギリスとのライバル関係を利用した。多額の賠償金を支払うことによって幕府が没落するのは長州藩にとって有利のことだと計算した。そして目論見どおりにイギリスは要求を受け入れる。もっとも幕府が支払ったのは半分の百五十万ドルで、残りは一八七五年になってから明治政府が支払っている。高杉の交渉によって打撃を受けたのは幕府ではなく、明治政府すなわち薩摩長州のほうだったのである。

この交渉の件で彦島の一件が語られる。イギリスは彦島の領有を求めたが、高杉がもっともらしい口調で、日本の領土は総て天皇からの預かりものであると古事記の講釈を行うとイギリスは要求を引っ込めた。おかげで彦島は香港のようになることが無かった、とするものだ。

ところが彦島の話は、ずっと後になって書かれた歴史小説に出てくるものであって、当時の資料にはイギリス側はもちろんのこと長州側にも見られない。

イギリス、フランスはこの後に横浜に軍事基地を作っている。地代も家賃もなく、設営費、維持費などは総て日本側の負担であった。この件にも高杉以下の長州藩が関わっていることは語られない。彦島の話が本当なら、同じ手を使って突っぱねることが出来たはずである。

高杉の功績として語られる四国艦隊砲撃後の交渉術は、彦島の件はもちろんのこと賠償金に関しても大本営発表である。

東奔西走を重ねていた高杉の身体は病魔に蝕まれたが、気力の衰えを奮い立たせるために元々好きな酒の量がさらに増えたのが裏目に出る。病状が一気に進んだ高杉は二十九という若さで没してしまう。

死に当たって歌人として知られていた野村望頭尼に対して「面白きこともなき世を面白く」と言ったところ望頭尼が「すみなすものは心なりけり」と続けたので「おもしろいのう」と言って息絶えたとされ、このやり取りが辞世として伝えられている。ところがこの歌は死の前年に作られたものであり辞世ではない。もちろん望頭尼とのやり取りなど全くの作り話である。

高杉は正妻の雅子よりも下関の妓楼にいたおうののほうを愛していたので看病したのもおうのだった。自分が死んだら墓守をしろとの高杉の遺言でおうのは髪を下ろして梅処尼と名乗って供養三昧の日々を送ったと言われるが、これこそ大本営発表の最たるもので、本当は伊藤俊輔（博文）と井上聞多（馨）とが再婚などされたら大変だと無理やりに頭を剃ってしまったものである。二人とも自分の女癖の悪さを棚に上げていい気なものだ。

明治維新に関わった人物で薩長方の人間は大本営発表で語られることが多いが、高杉などは最たるものでとんでもない大本営発表が独り歩きしている。

意外な言葉の生みの親

赤松小三郎（上田藩士：三十七歳：一八六七年九月三十日：慶応三年九月三日）

「駆け足進め」「全体止まれ」「その場足踏み」などの言葉は誰もが聞いたことがある。でもそれがいつ誰によって作られたかなどは考えなかったことだろう。

これらの言葉を考え出した信州上田藩士赤松小三郎、軍事の天才として知られていたために諸藩から誘いを受ける。結局は薩摩藩に招かれた赤松は八百人もの藩士の訓練を行った。その中には西郷隆盛、中村半次郎（桐野利秋）、篠原国幹、東郷平八郎らがいたという。薩摩では兵学を教える一方で国難を乗り切るために幕府と一体になれと説いている。

たまたま所要があって滞在していた京で暗殺されたが、犯人は人斬り半次郎との異名を取った中村であったと伝えられている。理由は赤松が会津や幕府側に付くようなことがあったら面倒だという身勝手なものだった。中村の考えなどその程度のもので、恩人を殺すことを何とも思っていないのである。

赤松の墓には中村による師を称える言葉と死を悼む言葉とが書かれた碑が立てられているが、一体何を考えているのだろう。

赤松が生きていたら間違いなく初代陸軍大臣に任命されていた逸材だった。そうしたら山県有朋など出番はない。実に惜しい存在がとんでもない屁理屈で失われた。

忘れ去られた功労者

坂本竜馬（海援隊：三十三歳：一八六七年十二月十日：慶応三年十一月十五日）

歴史上の人物の中で坂本竜馬は最も人気が高いうちの一人で、生涯、功績、ロマンス、暗殺の模様などは広く知られている。これほどの人物であるから維新後にはさぞやもてはやされ、妻のお龍は手厚い保護を受けて幸せに暮らしたのだろうと思われている。また竜馬が創設した海援隊は、発展して「世界の海援隊」と呼ばれるほどになったとも思われている。

しかし実際にはお龍は後述するようにアル中と言える荒んだ生活を送ったし、海援隊はバラバラになって解散してしまった。そして竜馬自身も坂崎紫瀾が「汗血千里駒」という歴史小説を書くまでは忘れ去られてしまっていた。今日伝えられる竜馬の話もこの芝居じみた小説によるものが多い。例えば竜馬の名台詞とされる「日本の夜明けは近いぜよ」などは坂崎の創作で、竜馬が実際にこのようなことを言ったわけではない。加えて司馬遼太郎が「龍馬が行く」を書き上げた。現在の竜馬像は、この二本が作りだしたものだ。

土佐は山内家の家臣である上士と長宗我部家の家臣の子孫郷士との間で、南アフリカでかつて行われていたアパルトヘイト顔負けの差別が行われていた藩として知られている。そのために郷士の多くは脱藩した。でないと活躍の場が得られなかったからである。

竜馬脱藩の責任を問われて兄は切腹、姉のお栄は嫁ぎ先から離縁された上に自殺したと言われているが、兄は竜馬が暗殺された時にはまだ生きていたし、お栄は脱藩の何年も前に病死している。二人の悲劇的な最期は小説の中だけの話である。

竜馬の波乱に満ちた生涯はあまりにも有名だが、小説は作家の創作であって事実とは異なる。

実際の竜馬は、かなりの悪で遊び人だった。恐喝に近いことをして取った金で長崎の丸山遊郭で豪遊していたと言えば分かることだろう。遊びのつけは痛く悪性の梅毒に感染していた節がある。暗殺の前には、しばしばおかしなことを口走り奇行に走るようになっていたことから既に脳にきていたのだろう。もし暗殺されていなかったら、症状からして数年のうちに脳梅毒で狂死していた可能性が高い。そうなっていたら坂崎、司馬もあそこまで美化出来なかったろう。今ほどの人気はないし、桂浜の銅像も建っていただろうか。

暗殺の時の様子も有名だが、こちらは竜馬と一緒に襲われ二日後に亡くなった中岡慎太郎の証言によっている。犯人は見廻り組の佐々木唯三郎他七人だという説が有力だが、他にも諸説あって決定的なものではない。

しかし誰が犯人であっても竜馬が生きていては都合が悪い人間が黒幕であったことは間違いない。実行犯の一人今井信郎は暗にそれが岩倉具視であったことを匂わせている。

そして竜馬の暗殺ではもう一つ不可解なことがある。暗殺現場から僅か数メートルの道を隔てた真向かいにある土佐藩邸から何の救援もなかった。それほど近ければ事件を知ることは出来たはずだ。もしかしたら土佐藩の暗黙の了解のもとに行われたテロだったのだろうか。

幕末維新の死に様その四十五

竜馬の影に隠れた活動家

中岡慎太郎（陸援隊：三十歳：一八六七年十二月十二日：慶応三年十一月十七日）

坂本竜馬とともに襲われ二日後に亡くなった中岡慎太郎は、どうしても竜馬と比べられてしまい存在が影に隠れてしまうこととなる。当然ながら生涯も竜馬に比べて知られていない。

しかし実際の中岡は竜馬と比べても決して引けを取らない活躍をしている。まだ土佐にいた二十歳の時に病気の父に代わって庄屋見習いとなったのだが、疫病や飢饉に悩まされる人々を見て中岡家の田畑を担保に米や麦を入手して配るとともに、八百両の金を借りて窮民に施しを行った。

竜馬と同じように脱藩した中岡は、禁門の変で後退した長州藩の復権に努めたり薩摩と接近するように持ちかけたりしている。

竜馬と初めて会ったのは一八六五年のことだから行動を共にしたのは三年程である。たちまちのうちに意気投合した二人は二人三脚の活動を行うようになる。それまで仲の悪かった薩摩と長州とを結びつけて薩長同盟を結ばせたのは竜馬の功績だとされているが、実際は根回しなど裏方の仕事に従事した中岡の手柄である。

さらに中岡は竜馬もあきらめた土佐藩の重臣説得工作を行い藩論を倒幕に一本化させた。これによって薩摩、長州、土佐という幕末維新勢力が出揃う。そして朝廷から倒幕の密勅を得たのも中岡の仕事である。また竜馬のような遊び人ではない。

これほどの人物であるから当時の知名度は、むしろ竜馬より上で暗殺犯達の真のターゲットは中岡で、竜馬はとばっちりを受けたのではないかとの説もあるほどだ。

中岡が竜馬とともに襲われたのは、後一歩のところで功績が花開く時だった。死後には竜馬と同じように忘れ去られてしまい、中岡が作った陸援隊もこれといった働きを見せることなく鳥羽伏見の戦いの後に解散した。

一九二一年に首相原敬を暗殺した中岡艮一が慎太郎の孫だと言われたことがあるが、同郷同姓であったために生まれたデマで二人は何の関係もない。

幕末維新の死に様その四十六

この男がどうして新撰組に入った

伊東甲子太郎（新撰組参謀：三十三歳：一八六七年十二月十三日：慶応三年十一月十八日）

北辰一刀流の使い手で学問が出来、文筆が立ち弁舌爽やかで外交能力に長けている、すらりと背が高くていかにも聡明そうな顔立ちの美男子。これほどの才能の持主だったらどこでも三顧の礼で迎え入れるだろう。

ところが水戸藩士伊東甲子太郎が選んだのは新撰組だった。その以前には水戸天狗党に参加しようとしていたのだが、あまりにもひどい実態を知らされ思いとどまった。そんな頃にかねてからの知り合いで新撰組創設メンバーの一人藤堂平助に出会い、弟の鈴木三樹三郎、門人の中西登、内海二郎、服部三郎兵衛、加納道之助、佐野七五三之介、篠原泰之進らとともに加わった。

才能豊かな伊東は入隊の翌年には参謀に取り立てられて、文学師範も兼務するようになる。

しかし水戸学を学び尊王攘夷思想を貫こうとする伊東と、幕府に取り立てられることを願い忠誠を尽くそうとする近藤らとでは意見が合うはずがない。脱退は新撰組の法度であるために、分離して薩長などとも交わり機密を探るために別派行動を取ると申し出る。

抜けたのは伊東とともに入隊したものの他に藤堂もいた。御陵衛士と呼ばれるようになった伊東らは、西郷隆盛、坂本竜馬といった薩長の志士と交わるようになり、ますます尊皇色を強めていくが、伊東らの動静は近藤が紛れ込ませていた斉藤一によって逐一報告されていた。その中には近藤暗殺の噂もあったため、土方歳三は大砲を撃ち込んで逃げだしたところを銃撃しようと主張するが、近藤に止められている。

伊東も新撰組内にスパイ役を残していたのだが、彼らは新撰組名物の騙し討ちによって惨殺される。こうなると残る目標は本家本元の伊東となる。用談にかこつけて招いた伊東を前後不覚になるほど酔わせた帰りを襲い惨殺した。襲った中にはかつて伊東の馬丁を務めていた勝蔵もいた。北辰一刀流の使い手であった伊東は酔っていた上に重傷を負った身でありながら勝蔵を斬り伏せている。

惨劇はこれで終わらず伊東の遺体を引き取りにきた藤堂ら三名も殺される。新撰組は四人の死体を囮にさらに殺そうとしたのだが危険を察して姿を消してしまった。この時に鉄砲を使おうとの意見もあったが、そんな「卑怯な」飛び道具を使ったのでは新撰組の名が「すたる」として取りやめになったという。

責任転嫁による処刑、騙し討ち、少人数に多人数で襲いかかるといった「卑怯な」集団であった新撰組の名がどうして「すたる」のだろうか。新撰組には「すたる」ような名声など最初からないのに。

難を逃れた伊東グループは薩摩藩邸に逃げ込み行動を共にするようになる。篠原は近藤を狙撃して重傷を負わせたし、大久保大和と名乗り流山で投降した近藤の正体を見破ったのは加納だった。近藤は見事に仇を討たれている。

幕末維新の死に様その四十七

大将が敵前逃亡するようでは勝ち目はない

鳥羽伏見の戦い（一八六八年一月二十七日―三十日：慶応四年一月三日―六日）

幕末期の江戸は多数の盗賊、無頼の輩、浪人らが集まって暴行、略奪、放火など無法の限りを尽くしたために、人々は怖れおののいて暮らさなければいけなかった。

これは薩摩の西郷隆盛が江戸の治安攪乱を計り、益満休之助、相良総三らを使って起こさせたものだった。

このような無法者によって江戸の治安が乱されたとあっては幕府としても黙っているわけにはいかない。とうとう一八六八年一月二十一日（慶応三年十二月二十五日）に庄内藩兵らが中心になって、暴徒のアジトとなっている薩摩藩邸、佐土原藩邸を砲撃して焼き払う。

この事件が大坂城中にいた徳川慶喜に伝わった。既に十月十四日に大政奉還を行い、十二月九日の王政復古の大号令によって将軍職から追われていた慶喜だが、大坂城に集まっていた旗本や会津、桑名などの藩士にしてみればあくまでも「現将軍」であった。

慶喜は慶応四年の元日に薩摩の罪状を列挙して奸臣の引き渡しを要求するとともに諸藩に出兵を命

じた。将軍からの命令を受けた幕府軍一万五千は翌日に大坂から進軍して淀に本営を置く。会津藩兵は新撰組などとともに伏見奉行所に立て篭もった。これで後は慶喜が入京するだけのところまで手筈が整う。入京した慶喜が強力な指導力を発揮していたら徳川幕府はまだまだ続いていただろう。

この事態に動揺したのが西郷隆盛や大久保利通などの薩摩軍であった。大久保は岩倉具視らを動かして会議を開かせ、徳川家を朝敵とする討伐の「朝議」を得る。これで薩摩、長州、土佐らの西軍は完全に「官軍」となった。

一月三日の午後五時頃に戦闘が始まる。鳥羽街道を北上してきた桑名藩兵らが、加茂川に架かる橋の通行をめぐって薩摩側との間で一時間近くもの間「通せ」「通せぬ」の押し問答を続けた挙げ句に強行突破を図ったところを、薩摩が一斉射撃を行った。

音は伏見にも届き、奉行所にいた会津藩兵らは突撃を開始し薩長軍との戦闘になった。

この戦いで徳川方が敗退した原因として装備が旧式であったと言われているが、幕府側の装備も西軍と比べてそれほどの遜色があったわけではない。

指揮官が我先に逃げ出すなど能力が劣っていたと指摘されるが、ここの先頭においては的確な指示を出して奮戦している。

徳川方の戦意が低かったというのも当たらない。一部にはいたが、会津・桑名・幕府歩兵などは士気も高く勇敢に戦っている。

民衆が西軍に味方したからだ。その証拠に戦後に食料を提供したではないかと言われるが民衆は勝った方に味方するのである。

では敗因はどこにあったかというと四日に揚がった錦の御旗が大きい。これにより徳川軍が賊軍となったために、態度を決めかねていた藩や味方しようとしていた藩までもが西軍につく。


しかし何よりも大きかったのが慶喜の敵前逃亡である。徳川方が苦戦していると聞いて全国から援軍が京へ向かっていたし、幕府に肩入れしていたフランスも参戦しようとしていた。慶喜にとって我慢のしどころだったのである。ここで耐えていたら戦況はどう変わっていたか分からない。

六日の夜に「余について参れ」と言った慶喜が大坂城を出た時には、誰もが「いよいよ先頭に立って戦われる」と思ったことだろう。慶喜はこの日の朝に「最後の一兵となるまで戦え」と命令したばかりだった。

しかし慶喜は小舟に乗って幕府海軍の旗艦開陽に向かう。このまま敵前逃亡を行おうというのだ。しかも信じられない大失態を演じる。「大事な人が来るまで出航を待て」と言われた人々は、てっきり艦長の榎本武揚を待っているのだと思った。ところが慶喜の言った「大事な人」とは数多くいる妾の一人だった。側近達も流石にこの時ばかりは慶喜に対して殺意を持ったという。妾を乗せた開陽は榎本を乗せないまま、さっさと出航してしまった。江戸に逃げ帰った慶喜は当然のことながら老中達から怒りの言葉を浴びせかけられた。


大将が兵を捨てて敵前逃亡を決め込んだ例は決して珍しくないが、慶喜ほど酷いのは日本史はもちろんのこと世界史レベルで見ても例がない。僅かにビルマ方面の司令官であった木村兵太郎、久能村桃代らが芸者と酒を飛行機に乗せて逃げだした例があるくらいだ。もちろんビルマも壊滅的大敗北を喫している。

鳥羽伏見の戦いで戦死した兵士や、戦闘に巻き込まれたために細々と築き上げた財産とは言えないほどの財産を総て失った人々は、慶喜を恨んでいるだろう。そしてビルマの兵は木村、久能村らを恨みながら亡くなっただろう。

神戸事件の責任を取らされた隊長

滝善三郎（岡山藩士：三十二歳：一八六八年三月二日：慶応四年二月九日）

鳥羽伏見の戦いが起きた後に朝命により一月十一日に備前藩の兵二千が西宮守備に出動した。西国街道を通過して神戸三宮神社の近くに差し掛かった時に二人のフランス兵が隊列を横切ろうとした。藩兵が槍で制したところフランス兵が短銃で威嚇したので今度は槍で突いた。血まみれになって逃げるフランス兵に向かって発砲したので、近くで訓練中のイギリス軍に聞こえ、今度はこちらと銃撃になり負傷者を出す事態となった。急報を聞いて駆け付けたイギリス公使パークスにも発砲したが外れた。フランス、イギリスの兵の他にアメリカ兵まで駆けつけてきた。翌日にはイタリア、プロシア、オランダなども加わり、神戸港内の諸藩の艦船を総て抑留し神戸居留地を占領するという一大事となった。

ここまでの事態となると誰かが責任を取らないといけなくなる。この事件は実際には継承者二名を出すだけのものだったが、ことが大きくなり過ぎていた。事件を起こしたのが薩摩や長州だったら処罰は軽くなっていただろうが、岡山藩は藩論が二転三転した末に西軍に加わったばかりで立場が弱かった。そのため発砲の命令を出した隊長の滝善三郎を犠牲者として差し出した。

二月九日に行われた滝の切腹は外国人が初めて見たハラキリであったために、イギリスの新聞が銅版画を添えて報道するほどだった。滝の切腹後に発砲者も責任を取って自刃している。

ただし滝も発砲者も責任転嫁で殺されたとするのが実情に近い。

まだ死なん。斬るべし、斬るべし

堺事件（一八六八年三月十六日：慶応四年二月二十三日）

神戸事件の記憶がまだ生々しい一八六八年二月十五日夕方、今度は堺で大事件が起きる。沖合に停泊していたフランス軍艦の水兵が上陸してきたのだ。堺は外国人の通行を認めていない場所だったので、警備に当たっていた土佐藩兵は止めようとした。しかし言葉が分からないために騒ぎは大きくなり、撃ち合いとなってフランス側に十一名の死者を出した。

神戸事件に比べてあまりにも大きな事件であるために、フランスの態度は強硬で関係者の断罪と賠償金の支払いとを要求してきた。慌てた土佐藩は二十名を切腹させるとともに、十五万ドルの賠償金を支払うことで合意にこぎつける。

二月二十三日に行われた切腹で真っ先に腹を切ったのは儒学を教えていた箕浦猪之吉だった。介錯が不十分であったために「まだ死なん。斬るべし、斬るべし」と叫んで二の太刀を促したという。その後も次々に腹を切り、十一人目までが終わったところでフランス側が余りの凄惨さに中止を叫んだので残り九人は命拾いをした。

この一件は森鷗外他が称賛して様々の歴史小説となっている。ところが実際には切腹する者をくじ引きで選んだり、下っ端にばかり押し付けた責任転嫁の代表のような一件で感心できないことが多い。小説と実際とは違うのである。

幕末維新の死に様その五十

氷雨の中に三日間

相良総三（赤報隊：三十歳：一八六八年三月二十六日：慶応四年三月三日）

一九二八年、木村亀太郎という男が六十年前に無残に処刑された祖父の冤罪を晴らした。

一八六八年一月亀太郎の祖父相良総三は、新政府の太政官に建白書と嘆願書とを送って東征軍の先鋒として関東に進軍することを願い出た。願いが受け入れられた相良は赤報隊と名乗って十五日から東に向かった。そして行く先々で「年貢が半分になる」と触れて回った。相良の建白書にあったものだが新政府側も、そのように言えば味方するものが増えるだろうと黙認していた。

ところが出発してから十日も経たないうちに赤報隊が各地で乱暴を働いているという噂が広まってきた。そのために引き返すようにとの命令が出される。

相良は、かつて西郷隆盛に命じられて江戸市中で無頼の輩を集めて乱暴狼藉の限りを尽くした男なので、噂ではなく事実だったろう。「るろうに剣心」という歴史漫画では、清々しく理想に燃えて差別のない新しい世界を作ろうとする好青年として描かれているが、実際の相良は無頼漢である。

赤報隊は一番から三番まであり、二番、三番は引き返したのだが相良の一番隊だけは命令に従わなかった。功績を挙げれば少しぐらいの命令違反は大目に見てもらえるとの甘い期待を持っていた。事実、その当時の軍律は「実にいい加減なもの」だったのである。

相良は知る由もなかったが、僅か十日ばかりの間に情勢が大きく変化していた。官軍と呼ばれる藩も増えたし、三井などの大商人が年貢の請負と引き換えに軍資金の提供を申し出てきた。商人が自分達の収入減に直結する年貢の半減を取り消すように要求したとあっては、財政基盤の弱い新政府としては応じるしかない。しかし十日ほど前に出したばかりの通達を取り消したとあっては新政府の威信に関わる。無頼漢を使って江戸の治安を撹乱していたと分かっては都合が悪かった。そのために相良らの赤報隊を「偽官軍」として処刑し、赤報隊の言ったことは総て出鱈目であるとするとの決定がなされた。

三月一日に信濃下諏訪の和田峠近くにまで進軍してきた相良らに対して、新政府軍参謀の乾（板垣）退助から「軍議を開くので総督府本部まで出頭するように」との命令が出された。

幹部七人とともに出向いた相良はいきなり縛りあげられてしまう。この年は寒さが長引き当日も氷雨が降っていた。三日間の間、晒しものにされた相良らには一粒の米も一滴の湯も与えられなかった。そして一回の取り調べもなく、罪状も示されないままに全員が斬首となった。「実にいい加減な軍律」の犠牲となったのである。相良の首を刎ねた二王清綱は、二ヶ月も経たないうちに近藤勇の斬首に使われた。さらに乱暴狼藉が酷く略奪を重ねた三番隊も多くが斬首されている。二番隊だけは新撰組の伊東甲子太郎の弟で自分も新撰組に属していた鈴木三樹三郎が隊長だったので、判断を誤ることなく略奪なども行わなかったので処分を免れている。

相良の妻テル子は百ヶ日法要を終えた後に一人息子の養育を舅に頼んで自殺した。亀太郎は仏壇にしまわれていた血染めの髻を見つけて祖父の悲劇を知る。そして汚名を晴らそうと事件の真相を調べて回り、処刑命令を出したのが岩倉具視であったと突き止めた。板垣退助、大山巌らから聞き出そうとしたが教えてもらえなかった。それでも努力が報われて遂に祖父の冤罪を晴らすことが出来たのだった。

赤報隊のようにいいように利用されながら結局は偽官軍として処罰された隊は、他にも花山院隊、高野山隊、高松隊、北越草莽隊などがある。彼らに共通していたのは、農民出身などで正式な藩士ではなかったということである。農民兵など使えるだけ使って後は捨ててしまえ、というのが新政府の考えで、その意味では新政府こそが「偽官軍」である。

幕末維新の死に様その五十一

幕府の終焉を見届けた末に

川路聖謨（元幕府外国奉行：六十八歳：一八六八年四月七日：慶応四年三月十五日）

アメリカのペリーに続いてロシアのプチャーチンが長崎にやってきた時に応対したのは、奈良奉行、大坂町奉行、勘定奉行などの要職を歴任した川路聖謨であった。

有能な官僚であっただけでなくユーモアにも富んでいたために交渉は捗り、川路の人柄に魅了されたロシア側が肖像画を描こうとしたところ「私のような醜男を日本人の代表と思われては困る」と言って相手を笑わせている。これほどの男だから日露和親条約の日本側代表に選ばれたのも当然のことであった。

将軍継嗣問題で一橋派と見なされたことから、大老井伊直弼によってこの優秀な頭脳は働き場を失ってしまう。

後に外国奉行となったが病気の為に僅か五ヶ月で辞任してしまう。さらに六十五歳の時に中風に罹り半身不随となってからは自宅に籠りがちとなった。

鳥羽伏見の戦いの後に薩長軍が江戸に攻めよせるのを聞いた時、徳川幕府方が賊軍扱いされているのを聞いて怒ったが既にどうしようもない状態だった。この年の三月七日に「天津神に背くもよかり

蕨つみ　餓えにし人の昔思へば」という辞世めいた句を記して後は長年書き続けた日記もやめてしまった。

十四日に訪ねてきた知人が「江戸城は遂に今日、新政府方に引き渡された」と伝えた。実際には交渉が始まった日だったのだが、川路には決定打となった。翌日に「もはや幕府は終焉を迎えた」として自殺を行うのだが、半身不随の身では切腹は上手くいかず日本で最初のピストル自殺となった。

川路ほどの優秀な人物なら一橋派、南紀派などと言わずに活用すべきだった。国が一致して国難に当たらないといけない時に詰まらぬ派閥争いなどをしていては共に滅びてしまうということを教えてくれている。

幕末維新の死に様その五十二

誰もが知っている新撰組局長

近藤勇（新撰組局長：三十五歳：一八六八年 五月十七日：慶応四年四月二十五日）

一八六八年四月二十五日（慶応四年四月三日）下総流山の新政府軍本営に大久保大和と名乗る男が小姓二人を連れて出頭してきた。新政府軍に捕まれば命が無いことは確実なのにこのようなことをしたのは、自分の顔を知っている者などいないと高をくくっていたのだろう。

大久保の身柄は流山から越谷に移された。その時に一人の男が「近藤さん、しばらく」と言った。それでも大久保大和だと言い張ったが「冗談を言わないでください。近藤さんらしくもない」と言われてしまった。男は近藤らと争い殺された伊東甲子太郎の仲間の加納道之助だったのだ。

こうなるともう逃れる術はない。板橋に送られた近藤は厳しく責められた。中でも土佐藩からは坂本竜馬、中岡慎太郎を暗殺した犯人だと自白を迫られる。二人が殺された時には誰もが「こんなことをするのは新撰組に決まっている」と噂したし、近藤らも否定しなかった。

竜馬らの暗殺は関係ないと言い張ったが無駄だった。近藤は二ヶ月程前に相良総三の首を刎ねた二王清綱によって斬首される。首は板橋で梟された後に京へ運ばれて三条河原でも梟されるが、その後元新撰組隊士が盗み出されたとも言われて不明となっている。

近藤は書かれすぎるほど書かれているのであまり知られていないことを一つだけ書くことにする。現在、調布市付近は東京としては珍しい果樹の産地となっているが、これは農民出身であった近藤が当時貧しかったこの地を富ませるために栽培を勧めたものである。近藤には罪ばかりではなく、僅かばかりではあるが功もある。ここが土方歳三と違うところである。

幕末維新の死に様その五十三

幕府はこの頭脳を使いこなしきれなかった

小栗忠順（幕臣：四十二歳：一八六八年五月二十七日：慶応四年閏四月六日）

一八六〇年に咸臨丸とともにアメリカに渡ったポーハタン号に乗っていた小栗忠順は、それから亡くなるまでの僅か八年の間に奉行と名の付くものだけでも外国奉行、勘定奉行、江戸町奉行、陸軍奉行、軍艦奉行、海軍奉行を歴任している。

これほど目まぐるしく変わったのは、自己主張が強い男であったために意見が通らないとさっさと辞めたりしたためだが、小栗ほどの才能の持ち主が他にいなかったからである。また小栗は、よく働く有能な官吏であった。

外国為替の研究を怠らなかったために、日本の金は国際価格に比べて三分の一の価値しかないことを突き止めた。これにより外国の商人が大儲けをしていた反面として日本の経済は急激なインフレに見舞われていた。職人は日給制であったために影響は小さかったのだが、年俸制の武士はたちまちのうちに窮乏することとなった。尊王攘夷思想に走ったものの多くは確固とした信念に基づいたものではなく、自分達の生活困窮の原因が外国との貿易であると考えたがためである。

小栗は勘定奉行になるやいなや金貨である小判の価値を三倍に引き上げて国際価格に合わせた。

陸軍、海軍奉行をともに務めているのでフランス式の軍制を採用したり、横浜や横須賀に造船所を設置している。近代陸海軍両方の生みの親である。

新政府軍と対決するために陸軍と海軍とで東海道一帯の薩長軍を攻撃するとともに、奥羽諸藩の応援を得て関東地区の新政府軍を殲滅しようとの作戦には、軍略の天才と言われた大村益次郎が「小栗の策が実際に行われていたら自分達の首はなかったろう」と震え上がったほどだ。

しかし残念ながら幕府はこの優秀な頭脳を使いこなしきることが出来なかった。そのため江戸を引き払い自分の領地がある上野に移り住んでいたところを「直ちに政府軍の総督府に出頭せよ」との命令を受ける。家来三人とともに出頭した小栗は捕らえられ何の取り調べもないままに翌日に首を刎ねられた。

この処刑は呼び出しを行った東山道征討軍の隊長で、まだ二十二歳だった原保太郎の独断によるものだった。原は後に内務官僚から貴族院議員となり一九三六年に九十という高齢で没したが、一九一一年に府立一中に合格したものの学費が続かなくなった苦学生が「書生となるから学費の援助をお願いしたい」と言ってきたのを断っている。その苦学生の名前は谷崎潤一郎であったから、原という男はいよいよもって人を見る目がない。

小栗と言えば欠かせない話が隠し財宝で、赤城山麓だ、いや榛名山だとして一八七七年頃から現在に至るまで発掘が続いている。根拠として、かつて二百万両はあった徳川家の財宝が無くなっていたとか、多数の荷車が慎重に運ばれていったとかがある。

資金難であった薩摩長州らは江戸幕府の御用金をあてにしていたのだが、もぬけの殻であったために小栗が運び出したと推測して埋蔵金伝説が生まれた。

しかし徳川家の財宝は慢性的な財源不足に悩まされていた諸藩に貸し出したために底をついていたし、慎重に運んでいたのは火薬である。小栗の隠し財宝など日本中どこを掘っても出てこないのだ。

会津戦争を起こした男の削られた墓

世羅修蔵（第二奇兵隊軍監：三十四歳：一八六八年六月十日：慶応四年閏四月二十日）

幕末維新での長岡の戦いが、中立を申し出る家老河合継之助の嘆願を土佐の岩村精一郎が拒絶したために引き起こされたことはよく知られている。しかし会津戦争も同じような経過をたどったことはあまり知られていない。

奥羽鎮撫府総督府参謀であった第二奇兵隊軍監の世羅修蔵の墓は「於奥州信夫郡福島駅為賊所殺」と刻まれていたのが「為賊」の部分が削られている。

世羅は「会津は朝敵。奥羽はみな敵であり大軍をもって掃討すべきだ」と発言して、会津を救おうとした仙台藩の願いを無視して攻撃を断行すべきだと主張した。もしも謝罪するのならと出した条件は藩主松平容保の斬首、嗣子若狭の監禁、開城という厳しいものだった。しかも「会津藩の願いを聞くな」と書いた密書を福島藩士に預けたうえに「仙台人に洩らすな」と付け加えた。

このような行動は仙台藩士の恨みをかうこととなり暗殺されている。西軍にしてみれば仙台藩は「賊」であったためにあのような文字が刻まれたのである。しかし嘆願を聞き入れずに戦争を引き起こしたうえに、その相手を「賊」としたり「仙台人に洩らすな」としたなどの経緯を考えれば墓を削られるのも無理なからぬところだ。

世羅は勤皇僧として名高い月性や安井息軒に学んでいるから、岩村や小栗忠順を惨殺した原保太郎のように荒々しいだけの男ではなかったのだが。

奇兵隊の書記から第二奇兵隊を起こして自ら軍監として奥州にやってきた。この第二奇兵隊なるものは、本家本元に負けず劣らずのならず者集団で放火、略奪、強姦など暴虐非道の限りを尽くすとんでもない一団であった。彼らの行け行けムードに押されたとしても世羅の罪はあまりにも大きい。

長岡で倒れた松下村塾の俊英

時山直八（長州藩士：三十一歳：一八六八年 七月二日：慶応四年五月十三日）

幕末維新の戦いの中でも長岡の戦いは、小千谷で行われた談判での岩村精一郎の無礼な態度や河合継之助の指揮による奮戦などで良く知られている。

この時の戦いに参謀の山県有朋とともに参戦していた時山直八は、松下村塾の中でも吉田松陰が「他とは違う」と評したほどの俊英だった。

長岡の戦いの中でも激戦であった朝日山の戦いで先頭に立っていたのだが、頭に銃弾を受けて戦死してしまった。この様子を見た山県が一番最初に兵を見捨てて逃げだしてしまったために長州軍は総崩れとなって大敗北を喫する。時山に攻撃を命じたのは当の本人山県だったのだが。河合の願いを突っぱねた岩村が、のんびりと食事を取っているのを見て失望して無理な攻撃命令を出したのだった。

品川弥次郎は「時山が死んだのはお前のせいだ」と無理な命令を出した山県を激しくなじったし、攻撃した側の長岡軍にいて後に陸軍大将となった立見鑑三郎は終生「お前、あの時は真っ先に逃げたのう」と言って敵前逃亡を笑った。山県は立見の言うとおり、何時でも自分が一番最初に敵前逃亡を行う男として一生を送っている。

後世の歴史を見ると敵前逃亡の常習犯のくせに「敵に背中を見せるな」といった類の無理な命令を出したり、汚職事件の度に顔を出したり、権力亡者で日本の政党政治を五十年遅らせたと言われた山県が戦死していたほうが、日本にとってはるかに幸せだったのだが物事は都合よく動いてくれないものである。

幕末維新の死に様その五十六

上野の山に咲かなかった最後の一花

彰義隊（一八六八年七月四日：慶応四年五月十五日）

徳川慶喜が大坂から江戸に移って上野寛永寺に蟄居謹慎して間もない頃、浅草本願寺では旗本や一橋家などの家臣が集まって徳川家の恩顧に報いようと誓いあった。最初は十七名だったのが回を重ねるごとに増えていき二月の末になると五百名にも上った。

こうなるともう立派に一つの隊であるから彰義隊と名付けて隊長には一橋家の家臣渋沢成一郎、副長には上州出身の郷士天野八郎が就任した。彰義隊は間もなく本拠地を上野寛永寺に移しているが、これは本願寺の本山は京にあり朝廷に聞こえては都合が悪いとの寺側の申し出を聞き入れたものだった。もし移していなかったら上野彰義隊ではなく浅草彰義隊と呼ばれることになっていただろう。

その頃、彰義隊は渋沢派と天野派とに分かれていたが、四月十一日に江戸城が開城され慶喜が水戸へと旅立つと両派の対立が激しくなった。渋沢は慶喜がいなくなった以上もはや江戸にいることはないと主張し、あくまで江戸で戦うと主張した天野と折り合うことはできず、渋沢派の者は脱退してしまった。

上野に立て篭もった天野らはますます数を増やし千とも三千とも言われるようになった。これだけの人数になると彰義隊の存在は、薩長軍にも幕府関係者にも無視できないものになっていく。

薩摩の西郷隆盛は彰義隊に対して懐柔策を取ったのに対して、長州の大村益次郎は徹底討伐を主張する。両者の意見対立は激しくなっていったが、次第に後者が強くなり大村の指揮のもと五月十五日早朝より戦闘が開始された。

退路を総て断っては「窮鼠かえって猫を噛む」となるとして三河島方面だけ逃げ口として空けた大村の策は的中し、戦闘は僅か一日で薩長軍の大勝利で終わる。三百名以上もの死者を出して三河島から逃亡していった彰義隊の呆気ない敗北は、大きくなり過ぎていたために統制のとれた戦いが出来なかったし、あわよくばと思っていたものが多く本気で戦おうと思っていたものは少なかったし、近代兵器に慣れていなかったために銃撃にいたずらに身を曝したためである。

最後の一花を咲かそうとしたが果たせなかった天野は逃亡し、本所の炭屋に潜伏して再挙を図ったが密告により捕らえられ獄中でひいた風邪が悪化して十一月八日に亡くなる。その遺骸は小塚原に誰のものとも分からぬものとして遺棄され埋葬すら許されなかった。

幕末維新の死に様その五十七

新撰組一番隊長の意外な素顔

沖田総司（新撰組一番隊長：二十五歳：一八六八年七月十九日：慶応四年五月三十日）

新撰組の中でも一番人気のある一番隊長沖田総司は、美男子であったと伝えられたり、肺病病みのどこかしら憂いのある青年だと思われたり、最後には黒猫さえも斬れなくなったことから、何か悲劇的でニヒルな感じがする。

ところが実際の沖田は何時も冗談ばっかり言って周囲を爆笑させていた陽気で快活な青年だった。真面目になっていた時がないのではないかと思われる沖田が真面目になるのは、新撰組名物の処刑の介錯をする時だった。内ゲバに終始して常に処刑が行われていた新撰組内部での介錯は、ほとんどを沖田が務めたという。そのために佐久間象山の息子で新撰組隊士であった三浦啓之助は、沖田から「どこかへお供がしたいな」と言われた時に、今度は自分の番だと思って脱走したほどだった。

また元隊士の評価では大石鍬次郎とともに、ただの殺人マシーンだったと酷評されている。ところが敵対していた側からの評価は伊東甲子太郎とともに人当たりの良い人物だったとされている。一体どちらが本当の姿なのだろうか。

よく言われる風貌だが美男子というほどのものではなく全くと言っていいほどもてなかったという。

沖田が療養していてその家で亡くなった植木屋の平五郎から数えて五代目が女優の江波杏子である。

沖田は死因が結核であったことから、池田屋騒動の時に喀血をして倒れたと伝えられることが多い。ところがその後も活躍しているところからすると、熱中症で倒れたのだろう。

伝えられる沖田像の美男子であった、憂いを秘めていた、黒猫さえ切れなくなったなどは子母沢寛らの創作によるものがほとんどである。

幕末維新の死に様その五十八

少年たちの悲劇と美談

二本松少年隊（一八六八年九月二十一日：慶応四年七月二十九日）、

白井小四郎（長州藩士：三十一歳：同日）

幕末維新の戦いでは数多くの少年も戦闘に出て戦死した。会津の白虎隊は有名だが、その前に二本松でも同じような悲劇があったことはあまり知られていない。二本松少年隊なる名前も、維新から五十年後に町助役を務めていた元隊士の一人が出した本の中でつけられたものである。

二本松藩に三方から薩長軍が迫った時に二十二歳の砲術指南木村銃太郎に率いられた十二歳から十五歳の少年達は、百匁大砲を据えて応戦し薩摩兵を苦しめた。

しかし圧倒的な装備の差はいかんともしがたく、先ず十二歳の久保豊三郎が胸を真っ赤に染めて倒れた。豊三郎は三つ年上の兄鉄次郎が出陣していく姿を見て「自分も行く」と言って、木村が止めたのにもかかわらず出ていったのだった。十二歳の戦死は日本史史上最年少記録だろう。兄の鉄次郎も重傷を負って手当の甲斐なく弟の後を追った。

十三歳の高橋辰治が撃たれたのを見た木村は、助けに行こうとしたところを胸に銃弾を浴びる。重傷の為にもはや動けなくなった木村は自分の首を討つように言ったが、少年の力ではどうしようもなかった。やむなく副隊長の二階堂衛守が落として運ぼうとしたが、人間の首は思いのほか重く少年の力では二人がかりで運ぶのがやっとだったために、何時の間にか薩長軍に囲まれてしまった。

そこへ現れた指揮官の長州藩士白井小四郎は少年らに銃口を向けた兵士を制して「隊長は戦死なされたか。痛ましいのう。早くその首を持って城へ戻られよ」と言った。その言葉を受けて少年達は戻ることが出来たが、途中で何人もが戦死してしまい木村の首も行方不明になる。

十四歳の成田才次郎は仲間とはぐれてしまったが、偶然に白井らの隊と出くわした。隊長が温情味のある人間だと知らない才次郎は、白井に突進していき父親に教えられたとおりに突き刺したうえにえぐった。

白井は「油断したのは俺の不覚だ。この子に罪はない。この勇敢な子を殺してはならんぞ」と命令して息絶える。助けられた才次郎は、そのまま戦場に出て行って戦死している。少年達の戦死者は他の者も含めて二十二名に上った。

才次郎の父親は息子の墓参りをする時には必ず先に白井の墓に詣でたという。

幕末維新の死に様その五十九

墓を蹴られ続けた蒼竜窟

河合継之助（長岡藩家老：四十一歳：一八六八年十月一日　：慶応四年六月十八日）

長岡の戦いは、家老の河合継之助の中立嘆願を土佐の岩村精一郎が撥ね退けたために始まったことはよく知られている。

この岩村は越後小千谷で豪華な朝食を地元の娘に給仕させて激怒した山県有朋が膳を蹴りあげている。長岡の戦いは山県か黒田清隆との交渉が行われていたら避けられたものである。

後には佐賀県権県令となり江藤新平の乱を引き起こしたりしたのだが、貴族院議員となり男爵の地位を授けられたりした後に一九〇六年に六十二歳で亡くなっている。こちらが長岡で死んで河合が長く生きたほうが日本にとって都合が良かったのだが、現実は上手く動いてくれないものだ。

嘆願を跳ねのけられてからの長岡藩が善戦したのは、全藩士の家に新式銃を貸し出したり機関砲を装備したりしていたためだが、これは河合の命令によるものであった。

蒼竜窟と名乗るだけあって、賄賂のやり取りを禁止したり農地の調査を行って年貢割合を変更したりの藩政改革を先頭に立って行った河合のおかげで、長岡藩は近代化に成功していた。これが善戦につながる。

しかし数に圧倒的な差があった上に同盟を結んでいたはずの新発田藩の裏切りなどもあって長岡藩は敗北し、河合も左膝下に重傷を負う。戸板に乗せられたまま戦いが続いている会津に向かったが、治療を行わないままの傷口は化膿し容態は悪化していった。長岡藩主牧野忠訓は河合の様子を聞いて御典医松本良順を送って治療させたが既に手遅れだった。死期を悟った河合は従僕に自らが入る棺を作るように命じて出来上がるのを待っていたかのように亡くなった。

戦後、長岡では三百名以上の戦死者を出し、城下が焼け野原となり貧しい暮らしを強いられたのは河合が変な意地を張ったためだとして、墓を蹴られ続けたという。それを止めたのは「米百俵」で知られる小林虎三郎だった。

城が燃えている

白虎隊（一八六八年十月八日：慶応四年八月二十三日）

二本松を攻め落とし長岡も攻略した薩長軍の勢いは止まるところを知らず、奥羽の要会津へと迫った。会津藩士は初代藩主保科正之の遺した家訓により、何があっても徳川家を守り抜くという精神を子供の頃から教え込まれていた。

そのため家訓を果たすのは今だとばかりに、十六、七歳の白虎隊から五十歳を超える玄武隊までを編成し、身分によって士中、寄合、足軽の三つに分け、それぞれをさらに二中隊ずつの組織とした。

このうちの白虎隊士中二番隊に所属する三十七人に出撃命令が出たのは一八六八年八月二十二日早朝のことだった。前日に会津の要母成峠が攻略され苦戦を強いられているとして、会津藩主松平容保が出した命令により出陣していく姿を他の白虎隊士は羨ましそうに見送った。

白虎隊は急ぎの出陣であったために食料を持っておらず、途中からの激しい雨の中で別の隊から貰った一人二個の握り飯で飢えをしのいだ。これが最後の食事となる。

翌朝、雨は止んだが深い霧が立ち込めていた。その霧の向こうから薩長軍が元込式の新式銃で一斉射撃を行ってきた。白虎隊の持っている先込式の旧式銃とでは装備に差がありすぎる。ましてや経験に乏しい少年である。奮戦はしたものの多数の死者を出して散り散りになっての退却を余儀なくされる。

小隊頭や半隊頭を務める大人たちともはぐれてしまったが、十七歳の篠田儀三郎が指揮をとった二十人が城に戻ろうとした。途中で味方と間違えて敵に声をかけたために銃撃を受けたので、飯盛山の下をくり抜いて作られた疏水の洞門に身を隠した。その洞門を抜けた白虎隊が見たものは「燃えている城」だった。

実は燃えているのは藩士の邸宅や民家であって城はまだ無事だった。しかし子供達ばかりなのに加えて疲労困憊して空腹であったために判断力を失っていた。

城と運命を共にしようとの考えに反対する者はいなかった。次々に腹を切った隊士の中には、まだ十五歳なのに年齢を偽って入隊した者も多かった。二十人の中で一人だけ生き残った飯沼貞吉もその一人である。白虎隊の悲劇を伝えた飯沼は七十九で没するまで故郷の土を踏むことはなかった。

「官軍」と称する薩長軍は他の場所でもそうであったように「賊軍」の遺体の埋葬を許さなかった。そのため少年達の遺体も放置されたままだったが、翌春になって義憤に駆られた地元の肝煎り役が近くの寺に運んで埋葬している。

薩長軍はこの他にも老若男女を面白半分に殺戮し、強姦強奪を繰り返すなど無法の限りを尽くしている。これが「官軍」なるものの実態である。

ところが敗走中の会津兵も統制のない無頼の集団と化して、強盗、強姦、放火、果てには殺人までも繰り返したというから一般民衆はどちらにしても救われない。会津は愚民政策を取り庶民の学問を禁じていた。また旧蒲生家の家臣であった者の子孫で多くは農民となっていた人々と、松平家の家臣との間には土佐の郷士と上士とのような対立があった。

そのため藩士との関係は決して良好なものではなく、薩長軍が攻めてきた時には道案内役を務めたり、商売をする者まで現れるほどだった。会津は悪政のつけを払わされる形で自滅したのだった。

会津が降伏したのは白虎隊の自決から一ヶ月後の九月二十二日で、その時にも残っていた城が取り壊されたのは一八七五年のことだった。

幕末維新の死に様その六十一

戦を避けようとした家老一族の悲劇

西郷頼母一族（一八六八年十月八日：慶応四年八月二十三日）

会津藩主松平容保に京都守護職就任の話が持ち込まれた時に「薪を背負って火中に飛び込むようなものだ」と言って猛反対したのは家老の西郷頼母だった。当時の会津藩は財政が逼迫して京都を警備するための金も人も時間もなかった。しかも尊王攘夷論が幅を利かせる京の警護役など恨みをかうだけの損な役回りであるのを西郷は知っていた。

最初のうちは穏健な方法を持って尊攘派を取り締まろうとした容保だが、テロ事件が頻発し資金調達と称するゆすりたかりも酷く京の治安は乱れに乱れていた。そのため容保は新撰組、見廻組などを使って取り締まりを強化する。このことがさらに尊攘派の恨みをかって、後に会津が猛攻撃を受ける原因となった。

容保に京都守護職辞任を進言したが受け入れられなかったので、自分が家老職を辞任して四年間の隠棲生活を送った西郷が復職したのは一八六八年で、既に西では戦火が起きて奥羽にも迫っている時期だった。

西郷の最初の大仕事は西南諸藩に比べて著しく遅れている軍制の改革だった。しかしもう時間がない。装備の劣る他の奥羽諸藩が敗北を重ねているのを見た西郷は、恭順論を説くが腰抜け呼ばわりされた上に蟄居・閉門を申しつけられた。

この徹底的に戦を避けようとした家老は、戦況が悪化するのを見て禁を犯して登城する。そして容保に藩士を救うために自刃するように進言するが受け入れられるはずがない。絶望した西郷は十一歳になる息子の吉十郎一人を連れて城から脱出した。一説ではこの後に藩主容保は暗殺犯を送ったという。

悲劇が起きたのはまさにその日だった。白虎隊の飯沼貞吉の叔母で西郷の妻千恵子は九歳、四歳、二歳の娘を手に掛けた後、自らも喉を突いた。他にも妹二人。十六歳と十三歳の娘。母親親類縁者など二歳から七十七歳までの二十一名が自害した。

西郷の屋敷内にやってきた薩長軍の隊長はあまりの惨劇に息をのんだ。中の十七、八歳くらいの娘（実際には十六歳の長女細布子）だけは死に切れていなく「我が兵か、敵か」と尋ねてきた。既に目は見えず敵味方の区別もつかなくなっていたのだ。隊長が「味方だ」と答えると懐剣を取りだすとこれで止めを刺してくれとの仕草をしてきたので喉を突いて楽にしてやった。

武士の情けを持った隊長は長い間、後に初代衆議院議長となった土佐藩の中島信行だと言われていたが、信行は会津戦争には参加しておらず、中島は中島でも同じ土佐藩の中島茶太郎ではなかったのかと言われるようになっている。また最近では薩摩藩の川島信行ではなかったのかとの説も有力になってきている。

西郷家のように集団で自決した家は他にも多く、合計で二百三十名以上にも上る。会津でこのように多くの婦女子が犠牲になったのは、家訓の第四条に「婦女子の意見は一切聞くべからず」というものがあったからだ。この男尊女卑の代表のような家訓が生まれたのは、会津藩の初代藩主保科正之の妻の嫉妬心によるとんでもない御家騒動が原因で、二百年以上も後に大変な悲劇を招くこととなった。

西郷の屋敷は後に燃え落ちるが、焼け跡から西郷の姪井深登世子が二十一人の遺骨を一つずつ拾い上げて菩提寺に収めている。

一族郎党総てを失った西郷は、一八七九年には吉十郎も二十二歳という若さで失い志田四郎を養子に迎える。これが講道館四天王の一人と呼ばれ、姿三四郎のモデルとなった西郷四郎である。

西郷自身は後に日光東照宮宮司となった旧主容保のもとで禰宜として仕え、もしかしたら自分を殺そうとした相手に最後まで忠節を尽くした末に会津へ帰り、一九〇五年に七十六歳で亡くなった。小さな十軒長屋が終の住処であった。

三千人を超すと言われる会津戦争の犠牲者の中に、西郷一族のような婦女子や人夫として労役に駆り出された農民、町人は含まれていない。

大軍を相手に薙刀で奮戦した美貌の娘子軍

中野竹子（会津藩娘子隊：二十二歳：一八六八年十月十日：慶応四年八月二十五日）

会津藩の女性達の中には西郷頼母の一族のように自刃した者も多かったが、自ら武器を手にして戦った者も珍しくなかった。

白虎隊と西郷一族の悲劇があったのと同じ一八六八年八月二十三日、二十二歳の中野竹子は、四十四歳の母こう子、十六歳の妹優子とともに黒髪を断ち切って男姿となった。そして薙刀を持つと「武士の猛き心にくらぶれば　数にも入らぬ我が身なれども」との辞世を懐に忍ばせる。

入城して戦おうとしたが既に閉門されていたので果たせなかった。同じように入城出来なかった依田まき子、菊子、岡村すま子、新保雪、平田蝶なども合わせて二十人ほどになり、娘子軍を結成することとなった。

家老の萱野権兵衛の軍とともに行動した娘子軍は、八月二十五日朝会津若松城下の柳橋で長州、大垣の兵と激戦を交わす。

戦いは白兵戦となり、竹子は先頭に立って戦い薙刀をふるって数名の敵兵を倒した。しかし美貌の女性が奮戦する姿は目立ちすぎる。集中砲火を受けた竹子の胸を銃弾が貫いた。倒れたまま薙刀を振るいさらに一人を倒したが、竹子は既に虫の息だった。敵に取られるよりはと妹の優子が首を落そうとしたが、激戦のさなかとあって上手くいかなかった。

戦いが収まった翌日の早朝にこう子と優子が捜しに行ったところ首のない遺体が転がっていた。さては敵にと思ったが、取ったのは会津藩義勇兵の吉野吉三郎だった。吉野から首を貰い受けた母妹は菩提寺の梅の木の下に葬る。

美性院芳烈筆鏡小竹大姉という戒名は竹子の特徴をよく伝えている。

高杉晋作を匿った勤皇博徒

日柳燕石（質屋：五十二歳：一八六八年十月十日：慶応四年八月二十五日）

会津で中野竹子が華々しく戦死したのと同じ日に、越後柏崎では一人の男がひっそりとこの世を去った。

日柳燕石は讃岐の質屋だが、勤皇の道を進み親分肌でもあったことから任侠の道にも足を踏み入れ勤皇博徒と呼ばれるようになった。

呑象楼と呼ばれた住居は、諸国の文人や勤皇の志士のたまり場となり亡命中の高杉晋作も匿った。呑象楼はまるで忍者屋敷のようにどんでん返しがあったり、隠し部屋があったので人一人ぐらいなら簡単に隠すことが出来たという。

しかし高杉を匿ったことから高松藩に投獄され三年もの獄中生活を送ることとなった。その間、さんざん世話になった勤皇の志士からは、釈放要求もなければ差し入れ一つなかったというから、勤皇の志士などいい加減なものである。

鳥羽伏見の戦いの後に釈放されたのは、朝敵と言われることを高松藩が恐れた政治的判断からであった。再び勤皇活動を行おうと越後総督府日誌方として薩長軍に身を投じたが、長い獄中生活で弱っていたためにほどなく病死した。

莫大な財産の総てを失い没落した日柳家を救おうとする者など一人もいなかった。勤皇の志士は世話になった人への恩返しなど考えようともしなかった。唯一の例外が武市半平太の妻を世話した田中光顕である。

誤解が招いた白昼の惨劇

横井小楠（参議：六十一歳：一八六九年二月十五日：明治二年一月五日）

江戸時代には諸藩は何れも財政危機に見舞われているが、中でも一、二を争うほど逼迫していたのが熊本藩である。何しろ藩主細川家の九曜の紋を書いておけば金気がでないとして、水桶に九曜を書くほどだった。このような状態に陥った時の常套手段は、農民への重税と藩士の知行の引き下げである。この辺りは、現在の税金アップに賃金カットと同じだ。しかし熊本藩はどちらも限界に達していて身動きが取れない有様だった。

横井小楠は熊本藩士の次男であるために、子供の頃から大変な苦労を強いられる。この境遇が政治の力を持って変革を行わなければいけないと思う原動力となった。

時習館の塾長となった横井は家老へと取り立てられ藩政改革を行おうとしたが、熊本藩の保守的体質が災いして上手くいかなかった。

才能を見込んで招いた越前藩の松平春嶽の下で学校の創立、殖産興業、貿易振興などに従事したことから、横井は越前藩にとってなくてはならない存在となる。そして外国書の翻訳などを手掛けるうちに「欧米諸国に学ぶことは多いが、侵略主義は排除しないといけない。我が国は儒教精神に基づき万国平等の思想のもとに国際化を実現していくべきだ」との当時としては画期的な開国論を展開する。さらに理不尽な身分制度を廃止して禅譲による共和制を行うべきだとの提案を行っている。

しかしそんな横井の存在を面白く思わなかったのが熊本藩の尊王攘夷派だった。

一八六二年三月十八日（文久二年二月十九日）、横井は三人の覆面の男に襲われる。犯人は熊本藩の尊攘派であるのは明確なのに藩は実行犯の捜索も黒幕の追及もしない。しかも尊攘派がますます幅を利かせるようになった。

かろうじて難を逃れた横井だが、一緒にいた一人が斬り殺されたことから「仲間を見捨てた」「士道を忘れた」との非難の嵐が襲う。遂には士籍を剥奪され知行を取り上げられてしまった。五年もの間蟄居生活を強いられた横井を、春嶽は何度も復籍させるように申し入れたのだが受け入れられなかった。


新政府が出来るとこれだけの逸材であるから、岩倉具視により議政官上局参議として迎え入れられる。

これで再び活躍の場を得たはずなのだが、一八六九年二月十五日（明治二年一月五日）の午後二時頃にテロリストが、この開明派の命を奪う。実行犯の十津川郷士、尾張藩士らが持っていた斬奸状によると横井は「廃帝論を唱え、キリスト教を国教にしようと考え、日本を外国の属国にしようとしている」とあったが、侵略主義を排除し儒教精神に基づく平等論を唱える横井は、何れも考えておらず完全な誤解であった。

このテロ事件の背景には時勢の変化についていけなかった公家がいて、あることないことを吹き込んだと言われたが処罰されたのは実行犯だけで、黒幕の追及はここでもされなかった。

新撰組の内ゲバは総てこの男が原因だ

土方歳三（新撰組副長：三十五歳：一八六九年六月二十日：明治二年五月十一日）

新撰組の歴史はテロと内ゲバに終始している。これほど酷かった集団は日本史に例を見ない。局中法度にある「士道に背くべからず」という、もっともらしいが訳の分からない理由をつけて気に入らない人間を殺しまくった。

新撰組の犠牲者は勤皇の志士との斬り合いによって失われたのではなく、内ゲバによって葬り去られたのである。新撰組では隊士の死亡原因第一位が切腹、第二位は隊士同士の殺し合いだったが、内ゲバを起こしたのは常に鬼の副長と呼ばれた土方歳三だった。新撰組の内ゲバは芹沢鴨、楠木小十郎、野口健司といった初期のものから伊東甲子太郎一派に至るまで、総て土方が気に入らないから殺したのであった。

処刑された者は「新撰組は、もうおしまいだ。近藤や土方のような愚か者ばかりが残った」と嘆いたが、新撰組の歴史は、まさにその通りである。新撰組も内ゲバを繰り返すなら一番最初に土方を殺すべきだった。そうしたら新撰組も少しはまともな集団となっていただろう。

これほど恐ろしくて信頼のおけない男はいなかっただろう。隊士は土方に声を掛けられるのを何より恐れ震え上がった。こんな男が市村鉄之助が家族に送り届けた、たった一枚の写真が男前に写っていたというだけの理由で「男のロマン」だの「情に厚く、剣が強い」とか思いこまれている。また小説、テレビ、映画などは常に写真から受けるイメージで土方を描いている。特に出身地の日野では関連グッズを売りだしたり、尊敬の念を持ったりしているが、真実の姿を知っているのだろうか。土方は常に横柄な態度で人に接し、少しでも気に入らないと敵味方関わらず殺しまくった男である。

新撰組というよりも土方に憧れている人はタイムマシーンに乗って新撰組に入隊すればいい。一ヶ月もしないうちに土方に難癖をつけられて殺されるだろう。

土方は箱館で戦死するまで近藤勇に会わせる顔が無いと言い続けたが、会わせる顔が無いのは近藤ではなく、ささいな理由をつけては殺しまくった数多くの隊士に対してであろう。最後の最後まで全く反省のない男であった。

貧乏くじを引かされた「戦犯」家老

萱野権兵衛（会津藩家老：四十歳：一八六九年六月二十七日：明治二年六月二十七日）

先の戦争における連合国側の東京裁判をはじめとする戦犯裁判は、一方的なものだったと語られている。しかし日本の歴史には、もっと酷い一方的な裁判が存在している。幕末維新の戦いによって「官軍」となった薩長軍による奥羽地方に対する裁きは、もっと酷かった。

中でも会津藩に対する裁きは苛烈を極め、五十四人もの人々が一回の取り調べも行わずに家族の前で斬り殺されたこともある。藩ぐるみ当時は不毛の大地であった下北半島に送られている。会津は公称二十八万石、実高は六十七万石だったのに対して三万石にも満たない収穫しか見込めない土地に一万七千人もが送られた。しかもその中から七百人もが蝦夷地へ送られたので働き手を失う。食うに困って何でも食べたので、土地の方言で毛虫を意味する「ゲタカ」とか「鳩侍」と呼ばれたという。あまりの苦しさに逃亡する者も多く、一八七三年に開墾地に残っていたのは僅か四軒十二人であったと伝えられている。

もっとも会津藩士がここまで悲惨な目にあったのは、旧蒲生家の家臣であった人々との対立が原因の一つだった。会津藩はここでも過去の悪政のつけを払わされている。

「官軍」は会津を藩ごと流刑にしただけでは物足らず「戦犯」を要求する。会津藩には七人の家老がいたが、田中土佐と神保内蔵助は戦死して、西郷頼母は行方が知れなかった。そのために西郷と二人だけ非戦論を主張した萱野が貧乏くじを引かされる。

勝者による一方的な裁きで萱野の一家は「郡」と名を改めて東京外桜田に移り住んでいる。次男の乙彦は長正と名乗って小倉藩の育徳館で学ぶが、母に出した便りに「ここの食事は不味い」と書いたのを見られてしまった。「会津の者は食べ物のことで文句を言うのか」となじられたのを恥じた乙彦は、一八七一年六月二十八日（明治四年五月十一日）に腹を切り十六歳にして父の後を追った。

この親子の生き方は「会津士魂」と呼ばれているが、このような生き方しか出来ないのなら「会津士魂」など必要ない。

西郷隆盛と鋭く対立した軍事の天才

大村益次郎（明治政府兵部大輔：四十六歳：一八六九年十二月七日：明治二年十一月五日）

周防の村医者の子村田蔵六は、家業を継ぐために大坂の緒方洪庵の適塾に入り医学、蘭学を学び故郷に帰って開業するが、無愛想であるためにさっぱりはやらなかった。

しかし蘭学の知識をかわれて宇和島藩に招かれて洋学塾を開いたり艦船の建造を行ったりしているうちに、名が知られるようになり幕府の洋学所の教授手伝いとなった。

こうなると長州としてもほっておけなくなる。軍務係に取り立てられ百石取りの上士となった村田は、名を大村益次郎と改める。

大村の洋学の知識は医学よりも軍事に活かされた。幕府軍による第二次長州征討が起きた時には、和服に下駄という和装で洋式の軍隊を指揮して七千五百もの幕府軍を打ち破っている。

軍事的知識がさらに活かされたのは上野に彰義隊が立て籠った時だった。大村は一ヶ所だけ逃げ道を開けておき戦域を上野の山に限定するという戦法を取って一日で戦いを終わらせる。

西郷隆盛との対立の原因となったのは、この時に最も激戦が行われた場所に薩摩軍を配置し多数の犠牲者を出させたのに、功績は大村が自分のものにしてしまったことであった。さらに軍議の席で薩摩の海江田信義と激しく対立して「君は戦を知らぬ」と言って罵倒している。この時の海江田の怒りは尋常なものではなかったと伝えられている。加えて大村は西郷を全く評価しなかった。

維新の戦いが終わってしまうと、今まで戦ってきた兵士をどのように扱うかが問題となった。西郷ら薩摩派は薩摩長州土佐の士族を中心とする軍隊を作るべきと主張したのに対して、大村は農民町人を募るという国民徴兵制を主張する。これにより藩兵の意味が無くなってしまうと主張した西郷との対立がさらに激しくなるとともに、士族の恨みをかった。

一八六九年十月八日（明治二年九月四日）京都でテロリストに襲われた大村は、重傷を負ったものの風呂桶に入りこんで難を逃れた。「貝の真似をするのも苦しいものだ」と言ってみたり、襲われた場所が佐久間象山暗殺事件と同じところであったために「佐久間を殺った連中は手際が良かったが、今の連中は腕が落ちるな」と軽口を言ったりしたので、命に別条はないと思われた。しかし不潔な水に長時間浸かっていたためにばい菌が入って傷口が化膿する。診察したボードウィンは直ぐに足を切断しないと危険だと言ったが、兵部大輔に出世していたのが災いする。政府高官の手術は許可が必要だった。やっと許可が下りて切断した時には既に手遅れだった。

大村の遺言は「今に九州から足利尊氏のようなものが現れる。その時に備えてうんと四ポンド砲を作って大阪に置いておけ」だった。西南戦争のときには、この大砲が西郷軍鎮定に役立っている。

大村の名前は靖国神社の殉難者名簿の最初にある。しかし彰義隊や会津藩士などの幕府軍は一人として掲載されていない。また西南戦争の時の西郷軍の兵士も記載されていない。

靖国神社の境内に建っている大村の銅像の視線は、今でも上野の西郷像と鋭く睨みあっていると言われている。

幕末維新の死に様その六十八

狗は烹られる

長州藩脱退騒動（一八六九年十一月―一八七〇年三月）

長州藩と言えば倒幕運動の中心で、奇兵隊はそのまた中心だった。だから一八六九年十一月に「精選」を行い、常備軍となるものを選び出して残りは解散させるという通達が出された時は驚いた。しかも身分上下を問わないのが奇兵隊であったはずなのに、「精選」はそれまでの功績ではなく身分が重視された。

解雇されることとなった兵士の多くは農家の二、三男で今さら故郷に帰ったところで耕す畑などあるはずがない。新しい時代が来ると信じて戦ったのに使い捨てにされたのだった。

しかも奇兵隊の幹部であった山県有朋、野村靖らは会計面で不正を行い遊里に入り浸っていた。彼らが遊びに使っている金は、本来なら戦傷病者や老人を救済するために使われるものを不正使用していたから兵士の怒りは大きい。長州でさえ「徳川幕府のほうがましだった」と言うほどだった。

このような状況の中、奇兵隊をはじめとする諸隊の兵士は解雇されるぐらいなら自分から辞めてやるとばかりに次々に脱走して対決姿勢を見せる。脱隊兵は次々に増えていき遂には二千を超える。

もうこうなると反乱が起きるのは明らかだった。木戸孝允は断固として鎮圧するように藩知事毛利元徳に進言する。木戸にとって脱隊兵は、政事を行う際の弊害だったからである。

脱隊兵達の怒りは次第に大きくなっていき、一八七〇年二月二十四日（明治三年一月二十四日）に藩知事の居館を取り囲んだことから遂に武力対決に発展する。

自ら鎮圧軍を率いた木戸は、七万発もの小銃弾を発砲させたが猛反撃にあって「逃げの小五郎」の本領を発揮して部下を見捨てて自分が一番最初に逃走する。

脱隊兵は一度は勝利したのだが、強力な指導者がいなかったために組織だった抵抗が取れずに敗北を重ねていく。さらに鎮圧軍に次々と新手が加わったこともあって、六十名もの死者を出して制圧される。

本当の悲劇はここから始まる。百数十名もの脱隊兵が次々に首を斬られ、その遺体は「賊軍」のものとして埋葬も許されずに放置された。

高杉晋作の片腕と言われた佐々木祥一郎は最後の演説をしようとしたのだが、鉄棒で殴打され顔中血だらけになって絶命する。

長島義輔は首を梟されたのだが仲間が盗み出して家に持ち帰った。父親が「義輔、帰ったか」と呼び掛けたところ鼻血が勢いよく出たという。

この他にも脱隊兵は十年以上も身を隠さなければいけなかった。幕末維新の最大の功労者であった長州藩の諸隊兵士は「狡兎死して走狗烹らる」の諺どおりに邪魔者として処刑されてしまった。そして狗を烹た者達は明治政府の高官となり、その後も数々の不正を重ね民衆の窮乏を尻目に自分達だけは豪勢な暮らしを送っている。

幕末維新の死に様その六十九

明治政府。中でも岩倉具視は腐っている

横山正太郎（元薩摩藩士：二十八歳：一八七〇年八月二十二日：明治三年七月二十七日）

一八七〇年八月二十二日（明治三年七月二十七日）、神田橋内の集議員門前が血の海となった。島津久光の信任が厚かった薩摩藩士横山正太郎が割腹自殺を図ったのだ。

正装姿でやってきた横山は門前に正座すると「これからここを汚すが、どうか勘弁をしていただきたい」と丁重な挨拶をした。あまりにも落ち着いたようすだったので本気にしなかったのだが、横山はあっという間に短刀を突き立てて絶命した。

横山が遺した直訴状は「政府は庶民をないがしろにしているくせに、自分達だけは栄華を貪り金まみれになり腐りきっている。中でも岩倉具視は腐っている」と糾弾していた。

横山がわざわざ集議員を割腹の場として選んだのは「身分出自を問わず全国庶民の意見を政治に取り入れる」目的で設立された場の前なら、自分の意見も通るのではないかと考えたからだった。

横山は島津久光の信任が厚く、久光の息子悦之介の守役を任されるほどだった。そして「藩内にばかりいては柔弱な人間になってしまう」と悦之介に他藩への留学を勧める甲骨漢だった。

これほどの男の割腹であるから、薩摩閥は明治政府への諌死だとして厳しく糾弾したのだが事件は

いつの間にか有耶無耶にされてしまう。

横山の弟が後に初代外務大臣となった森有礼だが、有礼が大臣になった時には岩倉は腐りきっているのを反省しないままに世を去っていたし、明治政府は相変わらず庶民をないがしろにしていた。

幕末維新の死に様その七十

正論を吐き続けた米沢の龍

雲井龍雄（元米沢藩士：二十七歳：一八七一年二月十七日：明治三年十二月二十六日）

明治三年の暮れ、一つの首のない死体が大学東校（現東京大学）に送られて医学の解剖実習に使われた。その頃、首のほうは政府転覆を図った首謀者として小塚原に梟されていた。

米沢の龍と呼ばれた雲井龍雄は、明治政府が江戸幕府よりも酷い身分差別、賄賂政治を行っているのを糾弾して、今こそ誰もが自由で平等に生きられ嘘偽りのないクリーンな政治を行うべきだと主張する。

そして職を失った旧幕臣の為に帰順部曲点検所を立ち上げる。門限は午後六時、酒肉の持ち込みは禁止、宴会は禁止などの厳しい決まりを設け、旧幕臣に対して明治政府への恨みを抱くことなく仕事に就かせようと、理想的な正論を主張し続ける。

ところが佐幕派であった米沢藩の出身であったことや、明治政府の特権的意識を改めさせようとの正論が原因で「政府転覆をもくろんでいる」との濡れ衣を着せられた揚句に、全身の肉が破れて骨が砕けるという凄まじい拷問を受けた末に獄門梟首となった。首を刎ねられた者は他にも十一名に上っている。

雲井のように正論を主張し続けた男を処刑するようでは、明治政府は一部特権階級によるとんでもない恐怖政治国家であると自ら証明したようなものだ。

幕末維新の死に様その七十一

おかしな方向に行った暗殺事件

広沢真臣（参議：三十九歳：一八七一年二月二十七日：明治四年一月九日）

一八七一年二月二十七日（明治四年一月九日）未明、明治政府の参議を務める広沢真臣が十三ヶ所も切り刻まれて絶命した。その時にケタケタと気味の悪い笑い声をあげるという異様なテロ事件であった。犯人は、さらに一緒に寝ていた妾の福井かねを縛り金を出すように言ったが、持ち合わせていなかったので縄を解いて逃げ去った。

横井小楠、大村益次郎に続く政府要人の暗殺であるだけに衝撃は大きく、明治天皇が詔勅を発して犯人の逮捕を命ずるほどだった。

かねは犯人は小男だと証言する。付近に残っていた足跡も小さく、この証言には信憑性があったのだが、かねは後の兵部省の取り調べで「自分は何も見ていない。でも見ていないと言ったらどのような御咎めがあるか分からないのであのように言った」と前言を翻す。

そのうちに捜査はおかしな方向に行く。かねには広沢家の家事を取り仕切る起田正一と密通しているとの噂があったために、二人とも捕らえられて五年もの間取り調べられるが、結局は証拠不十分としてともに釈放される。

他にも容疑者と目されたのは八十名以上にも上ったが、犯人は遂に捕まらず迷宮入りとなってしまう。

長州出身の広沢は、第二次長州征討では藩を代表して幕府側の勝海舟と休戦条約を結ぶほど有能な人物であった。そのため維新後には木戸孝允や大久保利通と同額の千八百石を与えられている。

木戸や薩摩の人間とは上手く行っていなかったために、犯人はその線にあると思われた。後に広沢参議暗殺犯は木戸ではないかとの説も出たのは、木戸も犯人と同じく小男だったことを根拠としている。だが木戸のような男が自らテロを行うだろうかとの疑念が生じてしまうところである。

幕末維新の死に様その七十二

六十五万円はどこに消えた

山城屋和助（政商：三十七歳：一八七二年十二月二十七日：明治五年十一月二十九日）

一八七二年は日本の年号で言うと明治五年だが、それまでの太陰暦から太陽暦に切り替えたために日本ではこの年の十二月は二日間しかない。従って十一月二十九日は新年まであと四日しかない年の暮となる。

この日、丸の内の陸軍省にある教官詰所で一人の商人が「割腹自殺」を行った。その男山城屋和助は、かつては野村三千三と名乗り奇兵隊に属し山県有朋の知遇を得たことから、維新後は山県の縁故により山県の縁故により兵部省出入りの商人となって巨大な利益を得た。

しかし生糸相場の暴落から山県に五十万円を借りたが、なおも失敗を重ねる。さらに十五万円を借りたが、この金を豪遊に使ったことから不正融資が発覚し、暦の切り替えによる返済日繰り上げに間に合わせることが出来ずに責任を取って自殺した。

これはあくまでも公式発表である。山県が融資を行った六十五万円は当時の国家予算の一割にも達する巨額で、予算規模が違うので一概には比較できないが現在なら九兆円にも達することになる。

陸軍大輔兼近衛都督であった山県がどうしてそれだけの金を融資出来たのだろうか。実は山県は奇兵隊時代から兵士の給料をピンハネしては自分の懐に入れていた。山城屋はそれを知っていて脅していたのだ。自分の地位を失いたくないのと儲けの何割かを廻すと言われた山県は、山城屋の誘いに乗る。ところが計画が失敗したので総ての責任を山城屋に負わせて暗殺してしまった。いや、もしかしたら山県こそ主犯であったかもしれない。

このように考えれば山城屋事件の総てが説明できる。さらにこの事件はおかしなことばかりである。追及をしようとした種田政明は左遷された末に神風連の乱で殺されている。後に経理処理を行って事件処理にあたった十一等出仕という下級役人（十五等が一番下）の小林安足は、不正を行ったとして死刑になっている。また山城屋に出入りをしていた左官の勝五郎が暦にない「十一月三十一日」に「後追い自殺」している。

主犯山県の処分は役目を罷免するという非常に軽いものだった。しかも軍政に長じた人間がいないとの理由で翌年には早くも陸軍卿に栄転している。

この事件の最大の謎は六十五万円がどこに消えたかだが、一部は山県の早すぎる復帰に使われただろう。明治政府の高官達は山県から賄賂を贈られて「ヨッシャ、ヨッシャ」とでも言ったのだろう。それだけでは六十五万円はなくならない。椿山荘となっている山県の東京の大豪邸、有隣荘となっている京都の離れなどが金の行方を教えてくれている。

山県は、これから後にも教科書汚職、砂糖汚職などが起きる度に黒幕として噂されたが遂に捕まることはなかった。明治の汚職はロッキード、リクルートなどと比べても規模も金額も桁外れである。明治の政治家はクリーンなことはない。今と同じくダーティーである。そしてもう一つ同じことは「真の巨悪は捕まらない」ということだ。

尊王攘夷運動に奔走したスーパー婆さん

村岡局（近衛家老女：八十八歳：一八七三年八月二十三日）

京都北嵯峨生まれの津崎矩子は、幼少の頃から勤皇思想を学び十三にして近衛家の侍女となったが「陽明家の清少納言」と評されるほどの優れた才能と美貌の持ち主であったために、人望が厚く主人の近衛忠熙からも深く信頼された。

老女となってからは村岡局と称した矩子は、幼い頃からの勤皇思想のために朝廷の衰退と幕府の専制を憂いて尊王攘夷論者を助けるとともに、将軍継嗣問題では一橋慶喜の担ぎ出しに奔走した。さらに勤皇僧として知られる月照や西郷隆盛の脱出を手助けするという目立った存在だった。このため安政の大獄の時には珍しい女性の逮捕者となり、七十三という高齢だったが唐丸駕籠に入れられて江戸に送られて厳しい取り調べを受ける。ここでも持論を押し通したのだが高齢の女性のためか永押込三十日という軽い処分だった。

その後も江戸の獄に送られたりという波乱の人生を送ったが、維新後は吟詠三昧という穏やかな日々を送り八十八歳という高齢で没した。

幕末維新の死に様その七十四

新法で捕まり旧法で裁かれた

江藤新平（元司法卿：四十一歳：一八七四年四月十三日）

明治政府に対して不平士族が相次いで起こした乱の中で「佐賀の乱」の首謀者は江藤新平であると言われている。

ところが元はと言えば江藤は、乱を起こそうとしていた元秋田県令島義勇らの憂国党を鎮めようと佐賀に入ったのだった。この時の佐賀県の権県令は河合継之助の嘆願を退けた悪名高い岩村精一郎で、ここでも横柄な態度を取り佐賀の人を侮蔑したために島を激怒させたのだった。

島を説得しようとした江藤は、逆に島から既に政敵の大久保利通が佐賀の討伐を命じているという意外な事実を知らされる。もはや佐賀藩は何事も起こさずとも討たれる運命だったのである。こうして全く意見の異なる島らと行動を共にした。

最初は善戦したが、やはり勢力に圧倒的な差があり敗走することとなった江藤は、西郷隆盛を頼ったが拒絶される。高知では林有造にも断られたので、さらに徳島へと逃げようとしたところで捕われる。手配写真が出回っていたのだ。

明治政府の司法卿を務めた江藤は、近代的な司法制度の確立に尽力し、野蛮な風習であるとして死体を使った試し斬りや梟首を禁止した。さらに仇討も禁止している。

手配写真も江藤が作りだした制度だったのだが、皮肉なことに自分自身が第一号となってしまった。

囚われの身となった江藤は自分の身柄を東京に送るように要求する。自分の作った「国事犯は死刑としない」とする新法で裁かれることを希望したのだ。

しかし江藤は、弁護人なし、非公開、二日間の審議という旧法で裁かれ「士族の籍を剥奪の上斬首、梟首」となる。この判決は新法はもちろんのこと旧法にも見当たらないものだった。江藤の様子を見た大久保は「江藤の陳述曖昧、実に笑止千万、人物推して知られたり」と嘲笑っている。

大久保は梟首となった江藤の写真を自分の執務室に飾って、何か反対意見を述べるものがあると「お前もこうなりたいか」と笑って写真を指さした。また各県の知事室にも飾られて知事が大久保と同じことをした。

江藤が梟首を禁止した時に真っ先に賛成して「そのような残酷で時代遅れの制度は廃止しないといけない」と言ったのを大久保は忘れていたのだろうか。

江藤の梟首写真は絵葉書として売り出されたので、今でも骨董屋などで結構な値段で売られている。もちろん絵葉書にするように命じたのも冷血漢の大久保であった。

幕末維新の死に様その七十五

ドタバタゆえのマラリア地獄

台湾出兵（一八七四年五月―十二月）

一八七一年十一月、台湾の牡丹社に漂着した琉球の漁民六十六人のうち五十四人が殺されるという大虐殺事件があった。

当時の琉球は薩摩藩に従属する一方で、清国の皇帝からも国王に封ぜられるという両属の国であり、双方が主権を主張していた。

この大事件に対する対応として即時出兵を主張する者もいたが、西郷隆盛や副島種臣は先ずは交渉によって琉球が日本の領土であると認めさせよう、そのために外交交渉は外務省が行うこととすると通告した。

日本と清国との間で始まった交渉で、清国側は殺されたのは「清の属国民」であると主張するとともに、殺害を行ったのは法律の及ばないところに住んでいる者たちであると述べた。

これに対して日本は殺されたのは「日本人」であり、清の統治が及ばないのであるならば日本が台湾を追及しても誰からも責められないと判断して会談を打ち切る。

こうして出兵が検討されたが、その最中に征韓論が巻き起こったために台湾問題は打ち切りとなる。ところが征韓論者が下野すると彼らに反対していたはずの大久保利通が征台を言い出した。「征韓論はだめで征台論はいいのか」と激怒した木戸孝允は参議を辞職してしまう。

ところが大久保は話を進め、西郷隆盛の弟従道を総指揮官として派兵すると決定する。しかし賛成すると思っていたイギリスが反対し、あてにしていたアメリカも船を貸し出すことはできないと言ってきたので中止することとなった。だが従道は既に岩崎弥太郎の三菱の船で出港した後だった。そのためやむなく認めるというドタバタぶりだった。

なし崩し的に始まった台湾出兵は近代日本が経験した初めての外国との戦闘で、歴史的に見ても豊臣秀吉の朝鮮出兵以来二百八十年ぶりのものだった。

この出兵で行われた戦闘は二十日ほどで収まり、戦死者は十二人に止まった。ところが現地の事情を知らないままに出兵した上に、清国政府との交渉がまとまるまで駐留したために、兵士たちはバタバタとマラリアに倒れ六百名もの犠牲者を出すという地獄絵図となる。

まとまった結果は清国側が五十万円を支払うというものだった。これに対して日本が費やした軍事費は五百万円。しかも政府が買い入れた汽船は総て無償で三菱に下げ渡したのだから、儲けたのは大財閥となる基礎を築いた三菱だけだった。

琉球は、この出兵により日本の領土と認められることとなったが、その後現在に至るまでの沖縄県の歴史を見ると琉球王国という一独立国であったほうが幸せだったかもしれない。

日本はこのドタバタゆえのマラリア地獄を反省することはなかった。その後の日清、日露、第一次大戦、シベリア出兵、日中戦争から第二次大戦に至るまで、日本の戦争による犠牲者は戦死よりも、病死、凍死、餓死のほうがはるかに多い。出兵を行う時には現地調査を徹底的に行ってからという失敗から何も学んでいない。

さらに清国との交渉がまとまったのもイギリス、アメリカの調停があったからだった。日露戦争もアメリカによって終わった。戦争を終わらせるためには第三国による調停が必要であるということを日露戦争以後の日本は忘れ去ってしまう。

幕末維新の死に様その七十六

無用の者が消えていく

太田垣蓮月（勤皇歌人：八十五歳：一八七五年十二月十日）

伊勢藤堂家の分家筋にあたる藤堂金七郎の娘として生まれた誠（のぶ）は、美貌に恵まれていた上に武芸、茶の湯、生け花、歌舞などに秀でて、特に香川景樹の門に入ったり小沢蘆庵に私淑したりもした。この才媛は歌人として名が知られ女流文化人としてもてはやされた。

しかし家庭的には恵まれず、十七歳の時に婿を迎えて男の子をもうけたのだが間もなく亡くなり、夫は酒と博打に明け暮れたために離縁してしまった。再婚した夫は温厚な性格で娘も生まれて穏やかな生活を送ったのだが、その夫とは死別してしまう。

養父太田垣伴左衛門のいる知恩院に入った誠は、出家して蓮月と名乗ったが養父と娘が次々に亡くなり一人になったので、自詠の歌を書いた陶器（蓮月焼）を売って生計を立てた。その後、後に仙人と呼ばれるようになる富岡鉄斎を弟子としている。

幕末期には女流の勤皇歌人として知られた蓮月も、維新後にはすっかり忘れ去られて誰からの援助もなく京の尼寺でひっそりと暮らしていた。

亡くなった時の遺書に「無用の者が消えていくのだから、そっとしておくように。ただ富岡鉄斎にだけは知らせてほしい」とあったので、鉄斎が駆け付けたがその時にはすでに世を去っていた。

蓮月の遺体を包んだのは白木綿の一反風呂敷、棺桶は普段使っていた米櫃だった。

常に民衆に味方しようとしたのだが

前原一誠（元兵部大輔：四十三歳：一八七六年十二月三日）

吉田松陰の松下村塾に学んだ前原一誠は、北越征討軍参謀として進軍した時にこの地が水害に悩まされていることを知った。明治になってから自ら望んで越後府知事となると信濃川の治水工事を進め、年貢を半減したことから農民たちに感謝された。

しかしこれが中央政府の命令を聞かない勝手な判断だとして咎められる。その後に参議から兵部大輔となるが、奇兵隊らの脱退騒動が起きた時に徹底的な制圧を主張した木戸孝允に対して、温情的な処置を行うようにと言って激しく対立する。また会津藩の子弟を多数東京に連れてきて勉強させ新生会津建設の中心にしようとするなど、情に厚く常に民衆に味方しようとする人物だった。

だがそのような姿勢が災いして、木戸や大久保利通とはそりが合わず辞職して故郷の萩に帰る。ところがそんな時に自宅に六発もの銃弾が撃ち込まれるというテロ未遂事件に遭遇する。事件の黒幕は木戸だと直感したが、それでもいきり立つ仲間の暴走を抑えようとした。その姿勢は江藤新平らが乱を起こした時にも変わることが無かった。

しかし前原の周囲には木戸のスパイが出没していたし、伊藤博文らも疑いの目で見だした。そんな時に熊本では神風連、秋月では宮崎車之助が乱を起こす。もう仲間を抑えきれないと判断した前原は萩で乱を起こすが、弾薬も食料も乏しかったために直ぐに鎮圧されてしまう。

山陰へと逃れた前原は、残してきた家族が虐待されていると聞いて引き返したところを捕えられる。江藤の時と同じように弁護人なし、非公開という暗黒裁判で裁かれた判決は、前原他七人を「士籍剥奪の上、斬首梟首とする」という、江藤と同じ時代遅れで残酷なものだった。

即日行われた処刑で首切り役人はわざとひどい鈍刀を使ったという。

幕末維新の死に様その七十八

病からは逃げられなかった逃げの小五郎

木戸孝允（参議：四十五歳：一八七七年五月二十六日）

吉田松陰の松下村塾に学んだ者はほとんどが微禄の家だったが、桂小五郎は珍しく九十石を貫っている。松下村塾以前にも剣術、西洋式兵学、砲術、造船、蘭学などを学んでいるが、何れも中途半端に終わっている。

松下村塾で学んだが、過激な行動を主張する師とは意見を異にして常に慎重な意見に終始している。逃げの小五郎との異名を取るほど逃げ上手だったのも、慎重さゆえだった。

池田屋騒動の時に、先に来ていたのに誰もいなかったので用事のあった対馬藩邸に立ち寄っている時に事件が起きたのは有名だが、これは明治になってから本人が語ったもので真実かどうかは分からない。

禁門の変の後には会津藩に捕まったが厠に行く振りをして逃げ出している。他にも新撰組に捕まりそうになった時には芸者の機転により逃げ出すことが出来た。また隠れ家としていた芸者の幾松の所にいた時にも会津藩が踏み込んできたが、幾松が三味線を振り回して防いでいる間に逃げ出した。幾松こそが後に夫人となる松子である。

逃げの上手さは維新後に木戸孝允と名を改めてからも健在で、奇兵隊らの脱退騒動が起きた時も間一髪のところを逃れている。

このように逃げ上手であったことから他の多くの者が死んで行っても生き残り、西郷隆盛、大久保利通とともに維新の三傑と呼ばれた。

岩倉使節団の一員として大久保、伊藤博文らとともに欧米を視察してきたことから「今は内政を中心に行うべきだ」と主張して、征韓論の西郷らと激しく対立した。

その後、健康がすぐれなくなった木戸は西郷が起こした西南戦争の最中に「西郷、もういい加減にせんか」と言い残して亡くなる。もっとも何日も前から意識不明の状態で発したうわごとだった。さすがの逃げの小五郎も病からは逃げられなかった。

夫と同じ病気で亡くなった家茂夫人

静寛院宮（徳川家茂未亡人：三十二歳：一八七七年九月二日）

幕末の政略結婚により有栖川宮熾仁との婚約を破棄させられてまで徳川家十四代将軍家茂に嫁がされた静寛院宮は、和宮という幼名の方がよく知られている。

本来なら前年に有栖川のところに嫁ぐはずだったのに公武合体運動という政略で一緒になった二人だが、意外なことに夫婦仲は良く家茂は何時も妻をかばった。しかし頼みの夫は結婚から僅か四年にして大坂で脚気衝心のために亡くなってしまう。二人が一緒に暮らしたのは実質二年半にも満たず子供は出来なかった。

落飾して静寛院宮となってからも、徳川家を離れなかったが、そこへかつての婚約者有栖川熾仁がやってくる。全軍を指揮する東征大統督となっていた有栖川に対して、幕府側の女として徳川家の存続と江戸攻撃中止を訴え、二つとも受け入れられることとなった。

維新後は京に帰り、一八七四年からは東京麻布の屋敷でひっそりと暮らしていた静寛院宮は、脚気治療のために赴いていた箱根の旅館で夫と同じ病気で亡くなってしまう。

静寛院宮の遺体は昭和三十年代に調査されたことがあるが、身長百四十三センチ、体重三十四キロという小柄で弱弱しい女性で、子供の頃から何もしていないことを物語っている。

「さん」つきで呼ばれる維新の英傑

西郷隆盛（元参議：五十一歳：一八七七年九月二十四日）

幕末維新の有名人物で西郷隆盛だけは、何故か「さん」つきで呼ばれる。「西郷さん」という言い方に違和感はないが、「坂本さん」「大久保さん」などはしっくりとこない。風貌は上野にある像でお馴染だが、夫人は「うちの人とは似ていない」と言ったという。また写真が一枚もない。これまでにもこれが西郷の顔だとする写真が何枚も現れたが、何れも別人物であった。

どんな顔をしていたのかは分からないのだが、大きな体つきで親しみが持てたのは間違いないようだで、だからこそ「さん」つきで呼ばれる。

西郷は鹿児島の城からは少し離れた下加治屋町の出身だが、下級武士の居住区であったこの小さな町からは西郷の他にも大久保利通、東郷平八郎、黒木為楨、伊地知正治、吉井友実、篠原国幹、村田新八、井上良薫、山本権兵衛らが生まれている。

兄弟七人が一つの蒲団にくるまって寝るという貧しい家の生まれだったと伝えられるが、西郷家は下級武士としては高禄に入る四十七石取りであるから真実ではないだろう。しかし若い頃から貧乏農家を救おうという意思を持っていたことは確かで、農政改革に関する上申書を提出したことから開明的な藩主島津斉彬に認められた。

ところがその斉彬が亡くなり安政の大獄が始まると、西郷は追われる身となり月照とともに鹿児島湾に入水するが西郷だけが助かる。これを生涯気にかけていたために作った漢詩の半分以上が月照に関することである。

奄美大島に潜伏することを余儀なくされたが大久保の尽力によって釈放された西郷だが、今度は寺田屋事件に巻き込まれて徳之島、沖永良部島に流される。斉彬の弟で藩主忠義の父久光によって鹿児島に呼び戻されたのは一八六四年だから、幕末維新の志士としては出遅れの感がある。

しかしその後の活躍は目覚ましく、薩長同盟、鳥羽伏見の戦い、大政奉還、江戸城無血開城など常に最前線で主役として活躍している。

この折り庄内藩に対して寛大な処置を取ったことは有名で、この辺りが「さん」つきで呼ばれる一つの理由であろう。また庄内出身者の中には後の西南戦争で西郷軍に身を投じようとした者もいたほどだ。

維新後は鹿児島に帰っていた西郷だが、中央政府になくてはならない人物として呼び戻される。その頃、明治政府は日本が幕藩体制から天皇親政に変わったということを示す国書を李氏朝鮮に送った。南下政策を取るロシアに対抗するために日朝共同戦線を作ろうという意図だったのだが、受け取りを拒否された。徳川幕府からの国書には「日本国王」とあったのに「日本天皇」になったことや、日本の西洋化を嫌う国王の父親の反対が原因だった。

こうして軍隊を送って征討しろとの征韓論が巻き起こる。西郷は征韓論者であったかのように言われているが、その主張は自分が使節となって朝鮮に渡り交渉を行ってくるとのもので、決して征韓論などは主張していない。板垣退助らが主張した出兵せよとの意見に最も強く反対したのが西郷であった。

一度は西郷の意見が通りかかったのだが結局は内政優先策を取るということになったために職を辞して鹿児島に帰った西郷のもとには人々が集った。彼らは血気にはやる傾向が強く、このままでは制御しきれなくなり爆発してしまうとの判断のもとに私学校が開設されたのだが、皮肉なことにこの私学校の学生が火薬庫を襲撃して西南戦争のきっかけを作ってしまう。

九州各地で行われた戦闘での西郷軍の死者は六千八百、これに対する政府軍の死者は六千四百であるから、ほぼ互角の戦いをしていたことが分かる。装備も人員も圧倒的に劣る中での数字だから、いかに西郷軍が奮戦したかが分かる。

最初は二万を超えていた兵が最後には四百を切ってしまう。その僅かな兵が五万もの政府軍に攻められたのだからたまらない。重傷を負った西郷は「もうここらでよかろう」と告げて切腹した。

この時に山県有朋の降伏勧告を拒絶したと伝えられているが、実は三日前に使節を送って「この戦争がどうして起きたのかをもう一度話し合いたい」と言っている。それに対する返答は「話し合うのなら降伏が先であろう。もう一度検討して再度使節を送ってはどうか」だった。しかし激戦の最中だったので再度の派遣は無理だった。そのために降伏の機会を失ってしまったというほうが事実のようである。

英雄は最後まで勇敢でないといけないとの願望が事実を変えてしまったようだ。西郷は死んでいない、ロシアに渡ったのだなどの不死伝説が生まれたが、それは英雄には死んでもらいたくないといったロマンから生まれたのではなく、西郷は西南戦争を起こす時に資金調達のために西郷札と呼ばれる大量の紙幣を発行した。もちろんそんなものは紙切れになってしまい多くの人が破産した。松本清張は、この悲劇を書いてデビューし人気作家となった。

西郷の不死伝説は、生きていたら金を返してくれるのではないかという人々の切実な思いが生み出したものである。

人々の思いは泡と消えたが、西郷札は古銭屋などに行くと結構な値段で取引されている。

幕末維新の死に様その八十一
思い違いが招いた大インフレ

ハリス（駐日米総領事：七十五歳：一八七八年二月二十五日）

初代駐日総領事を務めたハリスのことを外交官だと思っている人が多いが、実際には教育者であり貿易商だった。

ニューヨーク州の貧しい家に生まれたために教育を受けられなかったのだが、独学で数ヶ国語をものにする努力家だった。自身の経験からニューヨーク市の教育委員長となった時には、現在のニューヨーク市立大学の前身となった授業料不要のフリースクールを創設させている。

本業は陶磁器の輸入業だが、不況のために店をたたみニュージーランド、フィリピン、インドシナ、清などを訪れる貿易商となった。

初代駐日総領事に任命されたのは東洋の事情に詳しかったからで、本当の意味で日本を開国に導いたのはペリーではなく一八五八年六月に日米修好通商条約を結んだハリスのほうである。

この時にハリスは日本の通貨事情に対して思い違いをしてしまう。日本が金本位制ではなく銀本位制を取っていると思ったのだ。

幕府は銀貨を兌換券として扱い金と交換できるようにしていたのだが、日本の交換比率が一対五だったのに対して国際的なものは一対十五だった。こうなると外国で銀貨を仕入れて日本で金貨である小判と交換し再び外国で銀貨に交換すると元の三倍になる。

これほど安全で確実な金儲けはない。投機熱が高まって商人だけではなく軍艦の乗組員までもが会社を設立して大儲けをした。その代り日本は大損をしているのだから毎日のように物価が跳ね上がるという大インフレとなった。しかし商人は大儲けをしたし、職人は日給制なので影響は少なかった。結局、割りを食ったのは年俸制を取っている武士だけだった。

尊王攘夷論者は、狡猾な外国人がわざと不平等な交換比率を設定したと激怒して異人斬りなどのテロに走るものも現れ、反幕思想が広まった。今でも尊王攘夷論者と同じような考えをしている人も少なくない。

ところが本当のところは、日本の幕府が金山銀山を独占し銀貨を兌換券として流通させていたことを説明していなかったところにある。そのためハリスは小判類などの金貨は記念硬貨のようなものだと思い違いをしてしまう。

後に幕府は国際的な交換比率に基づく小判へと改鋳を行い金の流出を食い止めているが、進言したのはハリスやイギリス公使のオールコックであった。彼ら二人がいなかったら損失は、もっと大きなものになっていただろう。ハリスは狡猾な外交官どころか恩人である。もちろん自身は一切投機に関わっていない。

またハリスは日本に対して好意的で、通訳のヒュースケンが暗殺された時には他の国の外交官が横浜に移ったのに対して江戸に留まっている。

このように公平な人柄だったので幕府老中の安藤信正は「貴下の偉大なる功績に対して何を持って報いるべきか。これに足るもの、ただ富士山あるだけ」と激賞している。また日本を去った後にはアメリカ国務長官に対してハリスの再任を要請している。

ハリスと言って忘れてはならないのは唐人お吉のことだが、ハリスの人柄や経歴などから考えると純粋に洗濯女を頼んだのだろう。三日で返したところから考えても二人の間に関係があったとは考えにくい。女好きのヒュースケンが自分に都合のよいように通訳したのと日本側の気の回し過ぎが真相だろう。

この外交官でない外交官は南北戦争が行われている最中に帰国し年金でつつましい生活を送った末に、一八七八年二月二十五日にニューヨークで人知れず亡くなった。その死はアメリカでも日本でもほとんど話題にならなかった。

幕末維新の死に様その八十二

時代を進めた者と遅れた者

大久保利通（参議：四十九歳：一八七八年五月十四日）、
島田一良（石川県士族：三十一歳：一八七八年七月二十七日）

明治維新を推し進めた者は次々に亡くなったり下野していったりしたために、僅か十年にして大久保利通は実質的な最高権力者となった。

「維新以来十年が経った。この十年は内乱があったりして十分に職務が果たせなかった。後十年は自分がやる。その後は後進の活躍に期待するとしよう」

大久保が、このように述べたのは暗殺されたまさにその日の朝だった。また数日前に見た夢は西郷隆盛と取っ組み合いの喧嘩をして崖下に落ち、自分の頭が割れて中の脳味噌がビクビクと動いているという凄惨なものだった。さらにこの朝、出勤する前に娘の芳子が異常に泣いて離れなかった。仕方ないので馬車で一周してから出勤したという。

大久保を暗殺した島田一良ら六人のテロリストは、このような話は知らなかっただろう。大久保が太政官へ向かった目的が、西南戦争で功績を挙げた将兵に勲章を授与するためだなどとも知らなかっただろう。

島田らの加賀藩は百万石と言われるように江戸時代には一番の大藩だったのだが、幕末維新時にはすっかり時流に乗り遅れてしまった。そんな彼らを喜ばせたのが西郷隆盛らの征韓論だった。維新に遅れた加賀藩が朝鮮に一番乗りする。これで名誉を回復できると考えた。しかし征韓論者達は敗北して下野を余儀なくされる。西郷も西南戦争で亡くなった。大久保こそが自分達の活躍の場を奪った元凶であると考えてのテロ行為だった。


大久保は西郷と同じ下加治屋町の生まれだと言われているが、実際は甲突川を挟んだ向かいの高麗町の生まれで幼い時に引っ越してきたのだった。この町で開業していた町医者から武士となった父親が、御家騒動のあおりを受けて遠島となったために一家は貧乏のどん底に突き落とされた。時代を変えないといけないと思ったのは若い時の苦労が元になったのだろう。

幕末に薩摩藩の実権を握った島津久光は、西郷や大久保らとは意見を反対にしていたので、西郷は反発したが大久保は逆に接近を試みた。

表に出ようとしない性格だったが実務能力に優れていて王政復古の大号令や、版籍奉還、廃藩置県などの重要案件を手掛けたので出世していき、征韓論者の下野後には内務卿として全権を掌握するようになった。

内務官僚は大久保の部屋に入る時には外で襟を正し、外に出てからは冷や汗が一気に流れたという。大久保の部屋には例の江藤新平の梟首写真が掲げられていたからである。

このように冷血漢の面があるために西郷に比べると人気がない。しかし実務能力は遥かに上で、だからこそ最高権力者へと上り詰めることが出来た。

暗殺された時に大久保の脳味噌は夢と同じように動いていたという。

明治政府の役人は何れも巨利を懐にして「ヨッシャ、ヨッシャ」と言っていた。山県有朋は史上最大の汚職を行って政府を潰しかけたし、井上馨は「三井の番頭」と呼ばれる通り裏金を貰っていた。清潔なイメージのある大隈重信でさえ大豪邸に住んで豪勢な生活を送っている。

ところが大久保は官舎住まいで財産は百四十円しかなく、逆に借金が八千円もあった。

冷血漢ではあるが金銭面では清潔だった大久保を暗殺したテロ犯が持っていた斬奸状には岩倉具視、三条実美、大隈重信、伊藤博文、黒田清隆、川路利良らの名前が書き連ねてあった。時代に遅れたテロリスト達が受けた刑罰は斬首という時代に遅れたものだった。

幕末維新の死に様その八十三

命がけで戦ったのは何だったのだ

竹橋騒動（一八七八年八月二十三日）

大久保利通が向かおうとしてたどり着けなかった太政官では、西南戦争の功労者に対する恩賞が下されるはずだった。この恩賞金は予定では戦闘に参加した将兵全員に与えられるはずだったのだが、実際には一部の上層部が手にしただけで士卒には与えられなかった。それどころか給与を削減されたり、増えすぎたために解雇されたりした。

この措置に対して兵士達の間に「西南戦争を命がけで戦ったのは俺達ではないか。それなのに後ろにいて楽をした者だけが恩賞を貰っている。あの戦いは何だったのか」と不満が広まることとなった。中でも強い不公平感を持ったのが近衛兵だった。

近衛兵は以前にも反乱を起こしたことがある。一八七二年に不平士族の動揺を抑えるために天皇が中国、九州方面に巡幸している最中に兵武省を攻撃したのだが、その時には西郷隆盛の説得によって鎮まっている。

今度はその西郷と戦った近衛砲兵の反乱だった。隊長の宇都宮茂敏少佐は必死になって部下を説得したが、近衛兵と相対していた東京鎮台が発砲してしまう。自分達への攻撃だと受け取った近衛兵は、宇都宮を惨殺するとともに大砲を引きずり出して砲撃を開始する。

反乱に加わったのは近衛砲兵だけでなく、近衛工兵、さらには制圧にやってきたはずの東京鎮台の兵までもが加わって三百名ほどに膨れ上がった。彼らも不公平な恩賞に不満を持っていたのだ。

この反乱を西南戦争で活躍した野津鎮雄大佐の弟道貫大佐が鎮める。大軍を持って制圧せよとの意見に対して、そのようなことをしては東京中が戦火に包まれてしまうと言って十数人程の部下を率いて説得に向かった。実際に話し合う時には単身で立ち向かっている。この命がけの説得が功を奏して、発生した場所の名前を取って「竹橋暴動」「竹橋事件」と呼ばれる反乱は僅か数時間で収まった。


この事件で山県有朋がまたしても男を下げる。陸軍卿として最大の恩賞金を貰った山県は、砲声を聞くと傍らにあった陸軍少尉の帽子を被って一番最初に逃げ出してしまった。

山県は事件が起きるのを知っていたようだ。事件の直前に内務卿伊藤博文から今夜に反乱が起きて高官達を殺すとの手紙を受け取っていた。これほど重大な情報を受け取っていながら、何らの処置も取らず、誰にも知らせず、あえて反乱を起させた節がある。

反乱を起こした近衛兵らに対して野津道貫は先ず彼らの意見を聞くとともに温情味を持った判決を下すべきだと主張したが、徹底的な厳罰主義で臨むべきだとの山県の意見が通って五十三名もが銃殺刑となった。後の二二六事件と比べてもいかに厳しく処罰されたかが分かる。

事件はさらにおかしな方向に進む。山県が新たに設置された参謀本部長に任命されたのだ。そして陸軍を陸軍省から離して参謀本部の直属としてしまう。これにより独立組織となった陸軍が、次から次に問題を起こして国の方向性を誤らせる元凶となったのは以後の歴史を見れば明らかだ。さらに山県は仕上げに軍人勅諭を制定する。戦前には軍人はもちろんのこと、一般の市民学生に至るまで一文字たりとも間違えることなく暗記することを強制された軍人勅諭は、上の方の将校クラスほど守らなかったが、中でも一番酷かったのは言うまでもなく当の山県本人である。

犠牲となった兵士達の「こんな国を創りたかったのではない」との声が聞こえてくるような事件であり、事後処理である。

幕末維新の死に様その八十四

平凡な農家の主婦は何故毒婦とされた

高橋お伝（主婦：三十歳：一八七九年一月三十一日）

群馬県の平凡な農家の主婦であった高橋お伝は、生まれながらにして幸薄い女性であった。子供の頃に両親が離婚してしまったために伯父の養子となったが、一説では美貌が災いして伯父に犯されたとも言われている。

最初の結婚は十四の時だったがすぐに別れてしまい同郷の波之助を婿に迎える。この夫が当時は「不治の病」「業病」と言われていたハンセン病を患ってしまう。

村人に嫌われ故郷にいられなくなった二人は初め東京、続いて横浜に移り住んだ。お伝は日本で最高の医者と言われていたヘボン博士の治療を受けさせるなど、妻として出来ることを総て行いかいがいしく夫を看病した。治療費を稼ぐために我が身を売ったりもした。他に方法が無かったからである。しかし手当ての甲斐もなく夫は亡くなり、借金だけが残った。

お伝は生きていくために再び体を売っているうちに酒と博打に溺れる小川市太郎と知り合い情婦となった。このどうしようもない男にもよく尽くしたお伝は客の一人を殺してしまい捕まった。

実はこの事件は殺人ではなく自殺だった可能性がある。そして本当に殺人であったとしても正当防衛が適用されるようなものだった。さらにある程度の金を払えば死罪とはならないので周囲も勧めたのだが、お伝は「私のことでこれ以上、迷惑はかけられない」と言って首を刎ねられた。

病気の父親のために娘が身を売ると美談とされるのだから、相手が夫であっても美談となりそうなものだ。ましてやお伝は自らの身を犠牲にしているからなおさらだ。ところが当時の明治政府は貞節を教育の柱にしようとしていた。そのための犠牲となったのがお伝だった。わざと無残な処刑の様子やグロテスクな解剖所見を毒々しい絵入りで大々的に発表して、本来なら美談となるべき話を毒婦としてしまった。

同じように明治の毒婦とされた原田絹は「夜嵐にさめてあとなし花の夢」との時世により夜嵐おきぬとして知られるようになった。しかし彼女は犯したとされる毒殺事件の主犯ではなく辞世も作っていない。

この二人は貞節観念など欠片もない身勝手な明治の男によって毒婦とされたのである。

幕末維新の死に様その八十五

世話になった志士達は誰一人恩返しをしなかった

白石正一郎（商人：七十歳：一八八〇年八月三十一日）

幕末維新時に志士達が何故あれほどの活躍を行うことが出来たかというと、活動資金や場所を提供してくれたパトロンがいたからである。

寺田屋のお登勢は自分の旅館を提供してくれたし、長崎の茶商大浦慶は坂本竜馬、大隈重信、松方正義などに資金を提供している。

中でも物心両面に渡って援助したのが、長州の大商人小倉屋こと白石正一郎だった。白石に世話になった者は長州にとどまらず、西国の志士で世話にならなかった者はいないと言っていいほどで実に四百名にも上る。中でも西郷隆盛、大久保利通をはじめとする薩摩の志士は必ず白石のところに寄った。

そして白石は高杉晋作の奇兵隊に出資し自分も隊員となったので、奇兵隊が結成されたのも白石の家だった。

これほどまでの援助を行ったのだからさすがの大商人も「飲み尽され、食べ尽くされ、借り尽くされ」て幕末期には既に破産状態であった。維新により明治政府が出来るとかつての志士達は政府の高官にと出世した。しかし彼らは一人としてこの大恩人を助けようとせず、白石が倒産してしまうのを見殺しにした。全財産を失った白石は安徳天皇を祀る赤間宮の初代宮司となり、七十歳で亡くなるが葬式にも誰一人出席していない。

明治政府の高官となったかつての志士達が恩返しをしなかったのは白石に対してだけではなく、寺田屋も倒産してしまったし、大浦は詐欺事件に巻き込まれて破産した。

幕末の志士などいい加減な恩知らず揃いである。

幕末維新の死に様その八十六

黒い噂ばかりが一人歩きしている陰謀家

岩倉具視（公家：五十九歳：一八八三年七月二十日）

今ではほとんど見かけなくなった五百円札の肖像となっている岩倉具視の顔つきは実に陰険な悪相である。岩倉には孝明天皇暗殺疑惑がある。相良総三らの赤報隊を利用し尽くした挙げ句に処刑命令を出したのも岩倉のようだ。さらに坂本竜馬暗殺司令の疑惑もある。黒い噂が絶えないのは顔相だけが原因ではないようだ

岩倉具視は養子だが岩倉の家は幕末維新から百年程前に起きた事件に関与したために、江戸幕府が続く限り日の目を見ることが出来ない下級公家だった。当然のことながら大の幕府嫌いとなって倒幕の策謀を巡らすようになる。

岩倉の最初の策謀は日米修好通商条約に朝廷の勅許を与えないことだった。八十八人もの反対派公家を動員してデモ行進を掛けている。しかしこの頃は幕府側の方が上手で、勅許を受けないままに条約を結んでいる。

公的にはこれが岩倉の最初の策謀とされている。しかし岩倉はもっと前から策謀を働いていた。公

家の家には幕吏といえども迂闊に踏み込めないという治外法権を利用して、賭場を開帳してテラ銭を稼いでいる。

次に岩倉が奔走したのは和宮の輿入れだった。幕府将軍との縁組は朝廷の力を高める好機と見た岩倉は、和宮に随行して幕府に攘夷の約束と朝廷への忠誠を誓わせることに成功する。

しかし和宮降嫁に奔走したことから尊攘派に命を狙われ、頭を丸めて偽名を名乗り各地を転々とする生活を送らないといけなくなった。

その潜伏期間中に復帰工作を行ったために孝明天皇の怒りをかう。このままでは岩倉は一生日の目を浴びることが出来ないはずだった。ところが徳川家茂が亡くなり、孝明天皇も後を追うという事態となる。幕府を支える両輪がともに亡くなったのだ。後を継いだ天皇は、まだ十六歳の少年なので思いのままに操ることが出来る。岩倉にとって願ってもない好機が訪れた。

一八六七年十月、薩摩長州両藩に討幕の密勅が下される。しかしそこには国事掛の署名が無く実際に天皇の裁可があったかは疑わしい。文章を考えたのは岩倉の配下であり、渡したのも岩倉の屋敷であるのが、密勅なるものがどのようなものであったかを物語っている。

十二月になると王政復古の大号令が発せられる。その時に土佐藩主山内容堂が「おそらくは二、三の公家が幼い天皇を擁して天下の権を盗み取ろうとの意を持っているのであろう」と発言した。二、三の公家の中に岩倉が入っているのは明白で、山内は事の本質を見抜いていた。

しかしここで岩倉が「幼少とは無礼」と激怒して「今日の挙は総て聖上の決断から出たもの」とし

て山内を黙らせてしまった。こうして王政復古がごり押しのような形で通ってしまう。

その岩倉にとって誤算だったのは明治政府が立憲君主制を取ろうとしたことだった。どこまでも王政復古にこだわった岩倉にしてみれば思いも掛けない方向に進んだ。自分の思いが通らなくなると感じた岩倉は、それならばと華族制度の確立に尽力して自分の身を守ろうとする。

一八八三年七月、岩倉は末期の胃がんを患っていた。さすがのベルツ博士にも手の施しようが無い末期状態だった。病床で、ベルリンに赴いていて新憲法を持って帰ってくる伊藤博文に遺言したいことがあるから、それまでは持たせてほしいと願ったが不可能だった。立憲君主制を誰よりも嫌った岩倉が伊藤に何を言いたかったかは永遠の謎である。

岩倉の葬儀は皇族以外では初の国葬となったが、生き様を反映する参列者の少ない実に寂しいものとなってしまった。

常に紳士的だったロシアの軍人

プチャーチン（ロシア海軍提督：八十一歳：一八八三年十月十六日）

日本人は概してロシアが嫌いだ。世論調査を行えば一位の北朝鮮に続いて、中国、韓国などとともに二位を争うだろう。日露戦争を戦ったり、日ソ中立条約を破って宣戦布告を行い暴虐の限りを尽くし、シベリアに多数の兵士を抑留し、北方領土を占領したまま高圧的な態度を取って一向に返還に応じようとしないのでは、日本人がロシアを嫌うのも当然というものだ。

幕末のペリーに続いて来航したプチャーチンもロシアのことだから、さぞや高圧的な態度で威嚇したのかと思いきや、実に紳士的で物腰が柔らかく気さくな人物で日本側の役人を驚かせた。江戸に近い浦賀にやってきて威圧したペリーと違って、日本の国法を守って長崎を選んでいる。交渉にあたった川路聖謨は「真の豪傑」と激賞し、幕府内ではロシアとの同盟を結ぶべきだと主張する者も多かった。

この紳士的態度は生まれつきのものだったようで部下達は誰もがプチャーチンのことを慕ったという。

日本に来航中に地震による大津波で乗艦のディアナ号が大破したが、その時にも波に呑まれた人々を命がけで救ったり、密航してきた日本人を迎え入れたりしている。吉田松陰もペリーではなくプチャーチンのところに行けばよかったのだ。

これほど紳士的な男だが交渉に当たっては退かず、日露和親条約を結んだり、千島の国境線を制定したり、長崎、箱館を開港させたりしている。

大破したディアナ号はその後沈没してしまうが、日本人の船大工らがロシアの雑誌に載っていた設計図を基に戸田号を完成させた。これが日本で最初の洋式帆船で僅かの資料から作り上げた技術と努力は称賛に値する。

その後、海軍大将。伯爵、文部大臣、参議院議員などを務めたプチャーチンに対して明治政府は勲一等旭日章という最高の賞を贈ったし、今でも像がディアナ号の錨とともに建てられて称賛されている。

この紳士はパリで亡くなったが、穏やかな人柄と同じように安らかな死に方だったという。

幕末維新の死に様その八十八

私は唐人ではない

斎藤きち（酌婦：五十歳：一八九〇年三月二十七日）

一八九〇年三月二十八日朝、前日の雨で水かさが増した伊豆下田の稲生沢川で中年の女の水死体が上がった。前夜に御詠歌を口ずさむ女の声がしたことから、その女が自殺したのだろうということになったが身元が分からない。どの寺も引き取ろうとしなかったので二日間放置された。

そのうちに女の水死体があるとの評判が立ち物見高い人々が集まってきた。中の一人が「これは唐人お吉だ」と叫んだことから騒ぎになる。そこをちょうど通りかかった宝福寺の住職が「自分の寺に葬るので運んでほしい」と言ったが「唐人に触ると指が腐る」と誰も運ぼうとしなかった。仕方なく檀家に頼んで暗くなってから運んで葬ったので、唐人お吉こと斎藤きちの墓と記念館が今でも宝福寺にある。

「唐人」とは別に中国人のことではなく、外国人一般に対する蔑称である。関係を持ったとされる女性も「唐人」とか「洋妾（らしゃめん）」と呼ばれて忌み嫌われた。

斎藤きちは船大工の娘として尾張に生まれたが、四歳の時に一家で下田に引っ越した。父が早くに亡くなったので母と一緒に洗濯をして生計を立てた。酌婦となったのは十四歳の時である。この酌婦というのは「酌をする女」という意味で「売春行為」は伴わない。

下田にアメリカ領事のハリスがやってきたのは十六歳の時だった。この時にハリスが要求したのは経歴や人柄、体調などからすると身の回りの世話をしてくれる看護師のような女性だったのだろう。ハリスの日記には、きちのことは全く書かれていないし僅か三日で帰している。実際のところは、ハリスの要求をこれ幸いとばかりに女好きのヒュースケンが自分の都合のよいように訳したのと、日本側の役人が変に気を回したのだろう。それに気がついてハリスが帰してしまったと考えた方がよい。

しかし斎藤きちは外国人と関係を持った「唐人」と呼ばれ、好奇の目で見られることとなった。そして酒に溺れるというお定まりの人生を送る。

明治になってからもきちを見る目は変わらなかった。一度は結婚したものの直ぐに別れて、小料理屋を経営したりしたものの客が寄り付かずに倒産して自暴自棄になった挙句の自殺だった。

一八九〇年と言えば日本の年号で言えば明治二十三年。そんな時代になってもなお好奇と蔑みの目で見られ続けないといけなかったとは何とも哀れな女である。またどうして下田を離れて誰も自分のことを知らない土地に移ろうとしなかったのだろうか。

幕末維新の死に様その八十九

敗軍の将、兵を語らず

松平容保（会津藩主：五十九歳：一八九三年十二月五日）

日本には「敗軍の将、兵を語らず」という言葉がある。失敗した人間は、そのことについて語るべきでないといった意味だが、失敗した人間こそ語るべきであろう。何故なら失敗した原因を最もよく知っているのは当の本人だからである。未だに語らぬ方が立派な態度だとされているし、たまに語ると決まって自慢、自己弁護、責任転嫁である。これでは何時まで経っても同じ失敗をより大きな形で繰り返してしまうだけだ。

幕末維新で最も激しく戦った会津藩の藩主松平容保も一切語ることが無かったが、語ってほしかった人物である。何故なら会津は、婦女子の集団自決や徹底した玉砕戦術など、先の戦争で日本が取ったのと同じ策を行っている。また会津が追い込まれたのも愚民政策や先住者との対立などでこれもかつての日本と通じるものがある。容保が語ってくれていて、耳を傾ける人間がいたら、その後の日本に大いに役立っていただろうし、あれほどの悲劇はなかっただろう。

容保は美濃高須藩主松平義建の六男で、高須四兄弟と呼ばれるように兄弟には藩主となった者が多い。十八歳にして会津藩主となった容保は穏健派の人物で、桜田門外の変の時に取り潰しとなるはずだった水戸藩を救ったのが最初の政治的手腕となる。

尊攘派のテロにより恐怖の町と化していた京都の守護職を任されたのも、容保なら穏やかに処理してくれると見なされたからで、家老は大反対したし容保自身も辞退したのだが、とんでもない貧乏くじをひかされてしまう。

実直な人柄の容保を最も気に入ったのは孝明天皇だった。自分は表に出てこないで黒幕として裏工作ばかりを行う公家や、二言目には「天誅」と叫んでテロ行為に走る尊攘派志士らに嫌気がさしていた天皇にしてみれば、実に頼もしい男の登場だった。

容保は穏やかな手段で尊攘派らを抑えようとしていたのだが、とんでもない事件が起きる。何と足利将軍の木像の首が三つ三条大橋に晒されたのだ。犯人は国学者達だったが、一部に会津藩士も関与していた。

この実に間抜けで馬鹿馬鹿しい事件が宥和政策を取ろうとしていた容保を激怒させる。たとえ足利家といえども将軍を愚弄する行為は許せぬと態度を一変させた。

こうして取り締まりに新撰組らを使うようになったことから尊攘派の恨みをかっていく。さらに鳥羽伏見の戦い、会津戦争などで「朝敵」と呼ばれるようになった容保が亡くなった時に、常に身につけていた竹筒から容保への信頼の言葉を綴った孝明天皇の御宸翰が出てきた。容保が忠誠を尽くしていたのは徳川幕府ではなく、孝明天皇だったのだ。

会津戦争の死者は三千人。この中に集団自決した婦女子、人夫などの雑役に駆り出された農民町人、とばっちりを受けた人々らは含まれていない。やはり容保には「兵を語って」もらいたかった。そうしたらその後の日本での戦いの犠牲はずっと少なくなっていただろう。

幕末維新の死に様その九十

この男の言っていることは信用できない

勝海舟（幕府軍総裁：七十七歳：一八九九年一月二十一日）

山岡鉄舟、高橋泥舟とともに幕末三舟と呼ばれる勝海舟は、佐久間象山の門下生で号は師から貰った「海舟書屋」という額から取ったものである。また妹の順子が象山の妻となったので二人は師弟であり義兄弟という関係だ。

勝海舟と言えば咸臨丸による太平洋横断と西郷隆盛との会談による江戸城無血開城の二つが有名で、自身も「なあに維新のことは、おいらと西郷でやったのさ」と後々まで自慢していた。

ところがこれはともに勝が得意としていたハッタリで、実際にはそんな立派なものではない。

先ず咸臨丸だが、この船にアメリカ海軍大尉ブルックや水兵らを乗せると決まった時に、勝は「どうして日本の船に外国人を乗せるんだ」と怒りまくった。ところが出航直後から荒天に見舞われたために大海に慣れていない日本人はほとんどが船酔いして役に立たなかった。中でも一番酷かったのが勝である。

咸臨丸はアメリカ人がいたから太平洋を横断できたのに「あれは俺がいたから成功したのだ。アメリカ人は何の役にも立たなかったぞ」と吹聴して回っている。このアメリカ人は役に立たず日本人だけでやったという話は、今でも信じ込んでいる人がいるほど知れ渡っているが事実は全く逆である。

江戸城無血開城の話も、勝よりは山岡、高橋、静寛院宮らの尽力があったからで、勝と西郷との会談は最終的な打ち合わせだった。また勝が守ろうとしたのは江戸の町でも町人でもなく、徳川慶喜と自分だけ無事だったら江戸が焼け野原になろうと町民全員が死のうと知ったことかだったのである。

そして嘘か本当かは分からないが、この時に西郷から三万両を受け取ったという話がある。維新後には悠々たる暮らしぶりで、自宅に何人もの妾を住まわせてハーレムの王となっている。また大隈重信や新島譲に多額の寄付を行っているが、一体このような金はどこから出たのだろうか。そのようなこともあって西南戦争の翌年には警視庁の事情聴取を受けているが、例によって例の如くで有耶無耶になっている。鼻薬が利いたのだろうか。

また坂本龍馬がやってきた時に「お前さん、俺を殺しに来たんだろう。そんなに離れていては殺せやしないよ」と言ったので、坂本が勝の大人物振りに惚れたという話は明らかに作り話だ。この一件は勝のハッタリを並べ立てた氷川清話にだけあるもので、その日に坂本が勝を訪れたという話は、坂本側からはもちろんのこと勝側の資料からも一切確認できない。明治の中頃になって坂本が有名になってから作りだしたのだ。

このようにハッタリだらけで信用できない男だが友情には厚く、旧幕臣のために奔走したり西郷の名誉回復に努めたりした。

七十七歳にしてこの世を去った勝の遺言は「これでおしまい」の一言だった。その墓の横には西郷の留魂碑が建っているが、妻は遺言で同じ墓に葬らないでほしいと頼んで亡くなった。勝は最後の最後になって手痛いしっぺ返しをされている。

幕末維新の死に様その九十一

どっちが本当の姿なのだ

黒田清隆（首相：六十一歳：一九〇〇年八月二十三日）

酔っ払って帰宅して出迎えた妻を惨殺。北海道ではアイヌの娘を面白半分に射殺。その地では開拓使官有物払下げ事件という一大汚職を引き起こす。

ところが一方では生麦事件の時に刀を抜きかけた侍を身を挺して止めて事件がさらに大きくなるのを防ぐ。箱館では頭を剃って敵将榎本武揚を助命、そして後に外務大臣に登用。兵士も救うためにマグロ五尾と酒五樽を送り投降を促す。岩倉使節団には津田梅子、山川捨松ら賊軍とされた側の娘五人を留学生として加えて失地回復を手助けする。書生や車夫には天ぷら蕎麦を食べさせ自分は盛りを注文する。

この暴虐なのか温厚なのか分からない男が、第二代総理大臣として大日本帝国憲法を明治天皇から授けられた黒田清隆である。

黒田は幕末期に薩英戦争を経験してイギリスの圧倒的砲力を見たことから、江川太郎左衛門の塾に入って砲術を学び尊攘派屈指の理論家として知られるようになった。

長岡の戦いのときには、河合継之助の中立嘆願を蹴った岩村精一郎を山県有朋が激しくなじったのに対して、黒田はかばっている。

その後、山県は会津へ、黒田は庄内へと向かう。会津が三千人もの死者を出したうえに藩ぐるみの左遷という、大損害に加えて厳しい処分を受けたのに対して、庄内の死者は三百人、処分も藩主は上京して謹慎、家臣は自宅で謹慎という軽いものになった。これは庄内が上手く立ち回ったということもあるが、山県と黒田との人物の大きさの違いでもある。

総理大臣や枢密院議長を務めるなど政治家としては成功したと言える黒田だが、たびたび周囲と衝突したために次第に影響力を失っていった。家庭的にも二度目の妻が姦通した上に駆け落ちをするという荒れたものになった。

脳溢血で倒れてその日のうちに亡くなったのだが、天皇が見舞ったという体裁を整えるために二日間は生きていたとされた黒田の葬儀は寂しいものだった。その葬儀委員長を務めたのはかつて命を救われた榎本だった。

幕末維新の死に様その九十二

これがあのお龍だろうか

楢崎りょう（坂本竜馬夫人：六十六歳：一九〇六年一月十五日）

一九〇四年の二月、横須賀は近年にない酷い吹雪だった。大道易者の鈴木清次郎は隣で商売をしていたテキ屋の西村松兵衛の家に泊めてもらうことにした。二畳と四畳半という小さな家にいた眼の大きな老婆は「松兵衛帰ったかい」と声を掛けたが、清次郎を見ると「なんだいこんな若僧を連れてきやがって、うちにゃあおまんまはないんだよ」と毒づいた。松兵衛に命じて酒を出させて清次郎に勧めると自分も大いに飲んだ。あまり酒が強くない清次郎が断ると「意気地のねえ。腹のたつときゃあ茶碗で酒を・・・とくらあ。飲めどツルシャン、酔えぬツルシャンか」と歌いだした。

清次郎が泊まった丸三日の間老婆は飲みっぱなしだった。酒代や米代は清次郎が出したものだった。アルコール中毒のような老婆の名前は西村ツル。しかし以前には楢崎りょう、つまり坂本竜馬の妻お龍だったのだ。清次郎は「これが本当にあのお龍だろうか」と信じられなかったという。

父親の医師楢崎将作が安政の大獄で獄死したために一家離散して困窮した暮らしを送っていた娘のりょうが、何時頃坂本竜馬と知り合ったかは分からない。竜馬の計らいで寺田屋に預けられたりょうが、入浴中に幕吏がやってきたのを知らせに行った話は有名だ。この時に竜馬は鉄砲を撃って役人を倒したが自身も重傷を負う。この治療のためにお龍とともに薩摩へ行ったのが日本で最初の新婚旅行だとされている。

竜馬が暗殺されてからは土佐の坂本家で暮らしたのだが、りょうと竜馬の姉の乙女、この個性の強い二人が合うはずがなく直ぐに家を出る。先ずは東京へ、そして横須賀へと流れて年下の松兵衛と一緒になった。

横須賀には竜馬に世話になった者も数多くいたのだが、誰一人として落ちぶれた感のあるりょうを助けようとはしなかった。もっとも酔っ払っては「私は竜馬の妻よ」とわめき散らしていたお龍にも問題がある。

横須賀にある墓は三日間家に泊まった鈴木清次郎が没後八年目に建てたものである。ところが大道易者が建てたのでは都合が悪いとして、りょうの妹が建てたものとなっている。また写真として若い時のものと晩年のものとが残されている。晩年のものは本人だが、若い時だとされる美人の写真は赤の他人の芸者のようだ。

痩せ我慢はするべきでなかった

榎本武揚（旧幕臣：七十三歳：一九〇八年十月二十六日）

一万円札の肖像となっている慶応義塾の創立者福沢諭吉は「痩せ我慢の説」として、旧幕臣でありながら明治新政府にも仕えた榎本武揚を批判している。

しかしその当時にあって榎本ほどの頭脳は稀だった。だからこそ黒田清隆も頭を剃るという奇策で助命している。航海術、戦術、地理学、蒸気学、化学、モールス信号、オランダ語などに優れ、子供の頃から貰った菓子を他の子にも分け与えるという優しい性格の持主とあっては、助けたくもなる。

性格ゆえに捕虜となった薩長軍の将兵を人道的に扱ったので、彼らからも助命嘆願があった。イギリスやアメリカは榎本の写真を争って買い求め、これからの日本に必要な人物だと力説した。

こうして命永らえた榎本は、かつて戦った北海道で石狩川の水運開発や石狩湾新港の計画を立案している。

政争により征韓論者が下野すると駐露全権公使として千島樺太交換条約を結んだ。これが不平等条約であるのは榎本が一番よく知っていた。このままではロシアは千島も樺太も取ってしまう、それならば千島だけでも日本のものにしておこうと考えての調印だった。

その後、命の恩人の黒田が首相の時に文相、外相、農商務相などの重要ポストを務めた榎本は、口数が少なくて誠実で裏表のない男だった。だからこそ亡くなった時には「江戸っ子葬」と呼ばれるほど多くの市民が駆け付けている。その時にはかつて千島と交換した樺太は南半分だけだが日本の領土となっていた。

これほどの能力を持っていた男は痩せ我慢などする必要はなかった。明治政府に仕えたことは正解で、福沢諭吉のほうが間違っている。

幕末維新の死に様その九十四

忘れ去られた五箇条の誓文

由利公正（貴族院議員：八十一歳：一九〇九年四月二十八日）

一九四六年の元日に昭和天皇が「人間宣言」と呼ばれる「新日本建設に関する詔書」を発表した。その時に五箇条の誓文を引用したのだが、後に「民主主義を採用したのは明治天皇の思し召しでしかも神に誓われた。それが基になって明治憲法が出来た。だから民主主義は輸入物ではない」と述べている。

このように戦前はもちろんのこと、戦後になっても五箇条の誓文こそが日本の民主主義の出発点だと思われ、今でも発せられるや日本中の人々に広まっていったと信じ込んでいる人が多い。ところが五箇条の誓文は、明治天皇の全くあい知らぬところで作られ、知っていた人間はごく僅かで、急速に忘れ去られていったものであった。昭和天皇のような人でさえ思い違いをしてしまったのだ。

五箇条の誓文が出た一八六八年四月八日(慶応四年三月十四日)は江戸城総攻撃の予定日の前日だった。この大事を前に倒幕派は天皇が権力の主体であるという演出を行う必要があった。そのためにわざわざこの日を選んで倒幕派の公家や大名に向かってだけ発表したのである。

倒幕という大仕事が終わってしまえば五箇条の誓文は、もう必要が無い。一八七二年にアメリカの憲法の翻訳を行っていた久米邦武が「天皇が神明に誓った」と参議木戸孝允に話した。すると木戸は「それは一体何のことだ」と聞き返した。久米が「五箇条の誓文だ」と答えたが、木戸は思い出すのに時間がかかった。

実は五箇条の誓文は木戸が制定するように命じて、最終的な修正も木戸が行ったものだった。その当の本人がまだ記憶に新しい時代に忘れ去っていたのである。もし久米の指摘が無かったら永遠に忘れ去られていたかもしれない。

五箇条の誓文の原案は由利公正が作り福岡孝弟が修正したのだが放置されていた。それを木戸や岩倉具視がぎりぎりの時期に最終的に作り上げたものだった。修正が加えられる度に抽象的な表現に変わっていったものを開明的な文言としたのは、倒幕のためには民主主義的な国を作ると諸外国に思わせ支持を得ようとしたからだ。

限られた人間には新しい民主的な時代がやってくると思わせたが、翌日に一般国民宛に発表された五榜の掲示は、自分達が倒そうとしている幕府の方針よりも旧態依然とした一部に権力を集中させるものだった。こちらの方が明治政府の本音であり実態であったのは言うまでもない。

この五箇条の誓文の原文を考え出した由利公正は越前藩の出身で、前名の三岡八郎を名乗っていた頃から会計に優れた人物として知られていて、坂本竜馬が速やかに採用すべきだと評したほどだった。

維新の時には会計役として才能を発揮するとともに竜馬の船中八策をまとめて五箇条の誓文とした。その後は東京府知事、貴族院議員などを歴任したが、自分の思い描いていたものとあまりにも違う明治政府の姿をどのように見ていたのだろうか。

幕末維新の死に様その九十五

卒族と呼ばれ続けた総理大臣

伊藤博文（首相：六十九歳：一九〇九年十月二十六日）

初代内閣総理大臣となった伊藤博文は故郷の山口に帰ることを好まず、ほとんど帰郷することはなかった。理由は東京では位人臣を極めた内閣総理大臣公爵であるが、山口では「あれは卒族だからのう」と呼ばれるからだった。

卒族とは足軽、奴、中間などの侍ではない侍のことで、年貢の取り立てなどの汚れ役を任されていた。侍に会うとその場で土下座をしないといけないし、雨が降っても傘を差せない、冬でも足袋を履けない、斬り殺されても文句を言えないという立場だった。それだから気性の荒いものが多く、賭場などに立ち入る日常を送っていた。

伊藤博文は作男の息子として生まれ足軽の養子となった。そのため初めの名前は利助という軽い感じのするもので、利介、利輔、舜輔、春輔、俊輔と変えていき明治になってからの名前が博文である。

この身分の軽い男は浦賀の警備に駆り出されるが、そこで出会った来原良蔵の紹介によって吉田松陰の松下村塾に入った頃から運が開けだす。

その後、桂小五郎の手足となって働き、英国公使館の焼き討ちや塙次郎忠宝暗殺などのテロ事件にも関与している。密航してイギリスへ渡った時の仲間四人の中には、ともに英国公使館の焼き討ちをした後の外務大臣井上馨や、塙暗殺の共犯山尾庸三らがいる。

イギリスにいる時に長州が攘夷を行うことを知って藩論を変えさせるために帰国するが、四国艦隊の長州砲撃という大事件が起きる。この時に停戦交渉役の高杉晋作の通訳を井上とともに務める。ところが俄仕込みの怪しげな英語だったために三百万ドルという法外な賠償金要求を認めてしまうこととなった。薩摩が生麦事件で支払ったのが十万ドルだから、いかに大変な金額であったかが分かる。

結局これは高杉のところで書いたように幕府に半分を払わせたが、残り半分は明治政府が支払うこととなった。またこれも高杉のところで書いたように彦島の一件は明らかに作り話である。松陰は伊藤のことを外交上手と評したが、これでは御世辞にも上手くやったとは言えない。

明治になってからは外国事務掛、外国事務局判事、兵庫県知事などを務め岩倉使節団の一人として欧米を歴訪したりもしている。

幕末維新の志士だった明治政府の高官達は次々に下野していったり亡くなったりしたので、元の身分は軽かった伊藤が初代内閣総理大臣へと上り詰めることとなった。

伊藤は蓄財などを行う男ではなかったが、自ら認める大変な女好きだった。手を出すのも早かったが捨てるのも早く、大隈重信と茶屋の娘を取りあったので西郷隆盛が仲裁に入ったこともあった。この女好きは総理大臣になってからも変わらず川上貞奴や戸田極子（岩倉具視の次女で氏共の夫人）らにも手を出したという。

四度に渡って組閣した伊藤はハルピンの駅頭で朝鮮人が発射した三発の銃弾に倒れる。その時にブランデーを飲んだり「馬鹿な奴だ」と言ったとされているが、即死でそんなことは出来なかった。

この暗殺事件は目撃証言との食い違い、銃弾の不自然な角度などケネディの事件にも優るとも劣らない隠された真相があるとされているが、未だに解明されていない。

幕末維新の死に様その九十六

結局は利用されただけなのか

明治天皇（天皇：六十一歳：一九一二年七月三十日）

日本の歴史において天皇が自ら政務を取った期間は短い。ほとんどは貴族、公家、武家などの権力者に対して国を治めるお墨付きを与えるような役目を果たしてきた。特に鎌倉、室町、江戸の三幕府時代には天皇家は「君臨すれども統治せず」の姿勢を貫いた。

幕末期の孝明天皇が熱烈な幕府支持者であったのは尊王攘夷論者にとって実に都合が悪かった。何しろ幕府を倒して天皇を擁立しようとしているのに、当の本人が倒そうとしている相手を支持しているのだ。そのために天然痘で急死した孝明天皇には暗殺の噂がつきまとう。

後を継いだ天皇がまだ十六歳の少年であることは尊王攘夷論者にとって実に都合が良かった。摂関政治が行われていた頃の天皇は決まって幼帝だった。まだ判断能力が無いので自分達の思い通りに操れるし、自分達に都合の良いことを天皇の意志であるとして押し通せる。子供の時に即位して三十位になると後継ぎを残して退位するという摂関時代のように、尊王攘夷論者は明治天皇を利用しようとしていた。

明治天皇は、薩摩・長州に討幕の密勅を与えた、王政復古の大号令を出した、五箇条の誓文を発したなどと言われているが、実際には天皇自身の意見ではなく利用されたものである。

明治天皇は階段の上り下りが一人で出来ない、禁門の変の時には恐ろしさの余りに失神してしまうという極めてひ弱な少年だった。ところが青年期以後は逞しい男となっている。この人が変わったような変化を本当に人が変わったとする説がある。それによると北朝の系統である本物の明治天皇は暗殺され、大室寅之祐という南朝の系統の男に変えられた。そんな男だから言いなりになるしかなかったというのだが、あまりにも荒唐無稽すぎる。

明治天皇を利用しようとする公家、薩摩、長州らの魂胆に気づいたのが土佐藩主山内容堂だった。王政復古の大号令が出された時に「幼い天子を擁して権力を私するものだ」と言い切ったことから、岩倉具視と言いあいになった。岩倉は「幼い天子とは無礼千万。本日の決定は総て天皇の御英断によるものだ」と言ったが、真相は容堂が見抜いたとおりである。越前藩主松平慶永も岩倉らの倒幕派公家が考え出したものだと容堂に味方する。

この言い争いが部屋の外にいた西郷隆盛に伝えられた。西郷からは「短刀一本あればすむことではないか。このことを岩倉公に伝えてくれ」との答えが返ってきた。つまりは容堂と慶永を暗殺しろというのだ。岩倉もテロ計画に賛成した。しかしこのことを聞いた後藤象二郎が二人を説得したのでテロは未遂に終わったが、岩倉の意見が通ってしまった。もしこの時に二人が身を挺していたら、明治維新はかなり姿を変えていただろう。

王政復古の大号令だけでなく、五箇条の誓文も天皇の預かり知らぬところで作られ、しかもまだ記憶に新しいうちから忘れ去られていたのは前に書いたとおりである。

この後の軍人勅諭、教育勅語なども天皇とは全く関係ないところで作成されたのに天皇の名で出されている。また日清戦争の宣戦布告も天皇の意に反したものだった。

明治天皇が倒れた時に医師団は八年程前から糖尿病に罹り、さらに尿毒症へと進んだが天皇自身の意志で治療をさせなかったと述べた。天皇が亡くなったのは発表から十日後の未明だった。

自分の意思が通るようで利用されるだけだった明治天皇が唯一通すことが出来た意志が、治療をさせないことだったのだろうか。あるいは治療をさせなかったとするのも大本営発表かもしれない。死に方には糖尿病とは思えないものがあって暗殺説も有力である。

明治天皇の写真だと思っているのは実はイタリア人画家キヨソネが描いた絵であり、そのため実際よりは彫りの深い西洋人風の顔立ちとなっている。実際には明治天皇は大の写真嫌いで特に正面から撮られるのを嫌ったために、正面向きの写真は数枚しか存在しない。

幕末維新の死に様その九十七

これほど期待外れだった男はいない

徳川慶喜（江戸幕府十五代将軍：七十七歳：一九一三年十一月二十二日）

江戸幕府十三代将軍徳川家定は、絶えずぶるぶると震える持病があり正座も出来なかった。当然のことながら跡目を誰にするかという問題が起きる。この時の候補とされたのが血統をかわれた家定の従兄弟で紀州藩主の徳川慶福と、家康の再来とまで言われて英明さが際立っていた一橋慶喜であった。

結局、十四代将軍には慶福が就任して家茂と名を改めたので、大老井伊直弼によって謹慎を申しつけられたこととあいまって慶喜は幕政に参加することが出来なかった。しかし桜田門外の変が起きた後には処分を解かれて将軍の補佐役を務めるようになった。

慶喜の最初の仕事は失われつつあった幕府の権力を取り戻そうとして、朝廷から将軍への庶政委任を取り付けようとしたが失敗してしまう。

続いて将軍とともに上洛したが尊王攘夷派に手玉に取られて逃げるようにして江戸へ戻る。

しかし京の情勢は変化して朝廷と幕府、それに雄藩共同による公武合体体制となる。これこそが慶喜を推した一橋派と呼ばれる人々が目指していた理想の政治形態のはずだったが、慶喜はこの好機を自ら壊してしまう。自分を支えてくれている薩摩の島津久光、越前の松平慶永、伊予宇和島の伊達宗城の三人を「天下の大愚物」とまで罵った。慶喜には朝廷とも雄藩とも協調してやっていこうという気はなく、幕府だけが強くなればそれでよかったのである。

元々は会津などとともに幕藩体制を支持し、長州らの倒幕派と敵対していた薩摩が方針を変更したのは慶喜のこのような姿を見たからである。慶喜が十四代将軍となっていたら、その時点で幕府は終わっていただろう。幕藩体制が不動盤石であった五代や八代将軍であったとしても、将軍には徳川家以外の人物を立てても良いのではないかということになっていただろう。

再び上洛して、しばらく京に留まった慶喜は禁門の変で指揮を取ったり、自分を頼ってやってきた水戸天狗党を迎え撃つ姿勢を見せて鎮圧したりしている。

急死した家茂の後を受けて十五代将軍となった慶喜にとって最初の衝撃は、幕府の有力な支持者である孝明天皇が急死したことだった。これで岩倉具視をはじめとする王政復古派の公家が一気に表に出るようになった。そして薩摩、長州両藩に討幕の密勅が下る。ここに至って土佐藩主山内容堂の意見を入れて「大政奉還」に踏み切った。

しかし慶喜の考えはこれで天皇に全権を与えたというのではない。天皇の下で慶喜を頂点とする政治体制を作ろうというもので、まだ自分が最高権力者でいるつもりだった。外国の公使を集めて自分の正当性を主張したりもしている。

鳥羽伏見の戦いの時に敵前逃亡を行った慶喜は、会津藩主松平容保、桑名藩主松平定敬の二人を拉致同然の形で連れ去ったが、その理由を「あの二人がいたのでは戦になる」と語っている。いかにも自分が平和主義者で、戦になったのは容保、定敬が原因だとも言いたげな責任転嫁である。

戦が始まったのは三日も前で、しかも「最後の一兵となるまで戦え」と命令して戦陣を開くきっかけを作ったのは慶喜自身である。

敵前逃亡にあたって「大事な人が来るから」と言って出港を遅らせたが、「大事な人」とは慶喜の数多い妾の一人だった。家臣もこれには呆れ果てて中には殺意を感じた者もいたほどだ。さらに拉致同然に連れて行った二人を「どこにでも行け」とばかりにさっさと放り出してしまった。加えて評定を開いて鳥羽伏見の戦いの報告と今後の対応について論じたのは六日も経ってからである。その席で大鳥圭介に敵前逃亡や妾を連れ帰ったことなどの軽挙を責められた慶喜は一言も発することが出来なかった。実に情けない男である。

最高指揮官の敵前逃亡という日本史どころか世界史的に見ても例が無い不祥事が起きては勝てるはずがない。鳥羽伏見の大敗後も旧幕府軍は敗北を重ねていくこととなる。


維新後は静岡で写真撮影、狩猟などの趣味に没頭する暮らしを送った慶喜の綽名は「豚一」である。これは「豚」が好きな「一」橋家という意味だが、「豚」のように生きている時はうるさいだけで役に立たず死んでから（将軍を退いてから）値打ちが出るという蔑みの意味が裏に含まれている。また数多くの妾との間に男十人、女十一人をもうけた姿が「豚」のようだという意味もある。

この期待外れだった男は死ぬその日まで自分の伝記を読んで、自分は名君だったのだが時代が悪かったと言って悦に入っていたというから、最後の最後まで期待はずれな男であった。

幕末維新の死に様その九十八

人気・不人気ナンバーワン

大隈重信（首相：八十五歳：一九二二年一月十日）、
山県有朋（首相：八十五歳：一九二二年二月一日）

一九二二年冬、二つの葬儀が行われた。一月十七日に行われたものは参列者三十万人、沿道の人出は百五十万人という盛大な国民葬。二月九日には国葬とは名ばかりの寂しいものが同じ日比谷公園で開かれた。

国民葬で送られたのは大隈重信。国葬は山県有朋。ともに総理大臣を務めた二人だが、今のような世論調査があったら人気・不人気ナンバーワンの政治家となっていただろう。その差が葬儀の場で現れた。

肥前藩は三十五万七千石という大藩で西洋式砲術を取り入れたりもしたが、藩主鍋島直正が優柔不断であったために倒幕維新に遅れてしまう。

その遅れを取り戻させる事件が一八六八年の四月に起きる。前年の六月に捕らえた浦上のキリシタン六十八名をどのように処分するかについて審議するために、長崎裁判所に呼び出されたのが大隈重信だった。

　キリシタンの逮捕に対しては諸外国、特にイギリスが強硬に抗議した。明治の新政府は江戸幕府の方針を受け継いでキリスト教を禁止していたが、薩摩はイギリスに世話になったので裁くことが出来ず、公家では世情に疎いということで大隈に白羽の矢が立ったのだった。

　イギリス公使パークスは信者の即時釈放とキリスト教解禁を強硬に主張するが、大隈は「これは日本の国内問題であり他国の干渉を受け入れる謂われはない」と突っぱねる。

　その結果、幕末期にはかなり緩んでいたキリシタン弾圧が幕府以上に厳しいものとなり、信者と家族三八〇名が捕らえられて凄まじいまでの拷問が加えられ棄教を迫られた。条約改正と引き換えに禁教が解かれるまでに信者の五分の一が亡くなっている。

　新約聖書やアメリカ独立宣言を読んで大いに影響されたと語っている大隈による大弾圧であった。

　キリシタンにしてみれば許し難い話だが、大隈は他国の干渉を許さず自国の主張を通したとして認められ外交交渉を任せられるようになる。また維新にあまり功績の無かった肥前出身者も政府中枢に取り立てられるようになった。


　岩倉使節団が欧米を訪問している間に西郷隆盛らとともに国内に留まった大隈は、経歴からすると征韓論に賛成しそうなものだが財政破綻をきたすとして反対している。

　上の方にいた征韓論者が大量に下野したために伊藤博文とともに大久保利通を支える両腕として大蔵省を任されたが、お世辞にも有能な官吏とはいえなかった。大変な浪費家で大豪邸に五十人もの居候を住まわせたり、白瀬大尉の南極探検のために集めた現在なら十億円にも相当する金を総て遊びに使ったりもしている。また女好きが過ぎて伊藤とあわやのところにまで進んだこともある。

その伊藤の内閣と黒田清隆の内閣で外務大臣に就任して条約改正に乗り出すが、かつての辣腕ぶりはどこへやらで諸外国に振り回されてしまう。国民の支持は失ってしまうし、テロ事件に遭って右足を失ったりとさんざんである。

板垣退助とともに日本で最初の政党自由党を組織したものの自分から潰したり、その板垣との内閣は自滅のような形で総辞職に追い込まれる、再び総理となった時には、出せなくてもいい時期に出してはいけない対華二十一ヵ条要求を提出して諸外国から非難を浴びてまたしても総辞職する。

このように大隈は決して有能でもなく、人気ナンバーワンになるような政治家ではない。それなのに三十万人もが葬儀に駆けつけたのは、山県有朋という正真正銘の不人気ナンバーワンがいたからである。


山県は伊藤博文と同じように長州の卒族の出身であった。そのため身分差別に泣かされ侍に川の中に放り込まれたこともある。家庭的にも恵まれず五歳で実母を失い、継母には苛められた。終生、誰にも気を許さず本当の友、部下を持つことが出来なかった山県の性格は、この頃に培われたものであろう。

吉田松陰の松下村塾に学んだと言われているが、実際には僅か数回通っただけで木剣にも及ばぬ棒切れと評されるほどの劣等生だった。

一八六四年に行われた第一次長州征伐の後に、長州藩が俗論党と呼ばれる恭順派の天下になったのを見て高杉晋作が奇兵隊を率いてのクーデターを行う。この時に山県は最後の最後まで態度を明白にしなかった。責任者となったら負けた時に厳罰に処せられるのを恐れたがためである。

クーデター成功により倒幕論にまとまった長州で、河合継之助の長岡藩との戦いに参戦した山県は、しばしば河合の策にかかりその度に部下を見捨てて自分が一番最初に逃げ出した。山県が一番最初に逃げ出すのは何時ものことで四国艦隊砲撃の時も逃げたし、一八七八年の竹橋事件の時も少尉の帽子を被って最初に逃げ出している。大隈が一喝して追い返したのと好対照である。

維新後には政商山城屋を使って国を傾けてしまう六十五万円もの大汚職事件を行い、自分がまとめさせた軍人勅諭を真っ先に破ったりするようでは人気があるはずがない。国民だけでなく明治天皇も嫌ったし、大正天皇に至っては「あの男は何かものをやれば帰るのだから、これでも与えろ」と顔を見るのでさえ嫌がった。

この徹底的に嫌われた男が亡くなった時、後に総理大臣となる石橋湛山が「死もまた社会奉仕」と皮肉ったが、確かに死ぬことこそ山県が人生で行った唯一の社会奉仕であったと言わざるを得ない。

幕末維新の死に様その九十九

脱藩した殿様の長い戦後

林忠崇（元請西藩主：九十四歳：一九四一年一月二十二日）

その老人が次女の経営するアパートでひっそりと亡くなった時に、かつては自ら脱藩してまで薩長軍と戦った青年藩主であるのを知っているものは一人もいなかった。

林忠崇が藩主を務める上総請西藩領木更津に突如として二千五百もの兵が現れたのは一八六八年五月五日（慶応四年四月十二日）夜のことだった。江戸から脱走してきた旧幕府軍は藩主の林に協力を求める。佐幕精神の強い林には、もとより異存はない。しかし彼らの態度は威圧的で眉を顰めさせるような者も多くて即答は出来かねた。

ところが二十八日に幕府遊撃隊を率いてやってきた伊庭八郎は、弁舌爽やかで隊規をしっかりと守らせ統制がとれた指揮を行っていた。伊庭と意気投合した林は協力を申し出て七十名の藩士とともに自ら脱藩して加わるが、その時に城代わりに使っていた陣屋に放火して決意の強さを示している。

幕末維新時の脱藩は珍しくないが、主に下級藩士によるもので「殿様」と呼ばれる藩主自らの脱藩は他に例が無い。伊庭と帯同して小田原、沼津、箱根、磐城平、会津若松、白石と転戦した末に力尽きた林が降伏の印として引き渡した武器は「銃七挺、内短筒七、胴乱八、短筒付五、弾薬入れ一、弾薬一袋」という僅かなものだった。

五年間に渡る禁固を解かれた林には、他の大名経験者にはたとえ「賊軍」であっても与えられた爵位が贈られることもなく、七十三年もの長い戦後を送って九十四歳という高齢でほとんど人に知られることもなく亡くなった。

幕末維新の死に様そのプラスα
果たしてこれだけの犠牲が本当に必要だったのだろうか

初代内閣総理大臣を務めた伊藤博文は明治維新のことを「一滴の血も流さず、一発の銃弾も撃たずに民主的な国を創るのを成し遂げた」と評して失笑をかったことがある。

その伊藤は自身も塙次郎忠宝を暗殺するというテロ事件を起こしている。幕末維新時にテロに倒れた人の数は一万人を超えていて、犠牲者の多くが嘘八百を並べ立てた身勝手な斬奸状とともに梟首されている。「日本には死者に鞭打つ習慣も歴史も存在しない」としたり顔で言う人がいるが、その人達はこの事実をどのように説明するつもりだろうか。また本当に存在しないのなら「太閤記」も「仮名手本忠臣蔵」も存在しないはずである。

戦死者に至っては会津の三千人を筆頭に仙台千三百人、二本松八百人、米沢、長岡、庄内がそれぞれ三百人など莫大な数に上る。会津が圧倒的に多いのは徹底した玉砕戦術を取ったのと、婦女子の集団自決があったからである。先の戦争では日本中が会津となった。会津は被害者意識だけではなく自らの失敗についても語るべきだった。そうすればその後の戦争での悲劇は、もっと小さなものになっていた可能性がある。

各藩の戦死者の中には人夫などの雑役に駆り出された農民、町人や、自決した婦女子、戦闘に巻き込まれた人々などは含まれていない。それらの人々を加えるとさらに大きな数字となる。はたしてこれだけの犠牲が本当に必要だったのだろうか。

また「官軍」と呼ばれた薩摩、長州などは「賊軍」の犠牲者の埋葬を許さなかった。それどころか、わざと手足を切り刻んだり、性器を切り取って口にくわえさせたりしている。山野に放置された遺体は鳥獣に食い荒らされ、風雨にさらされて耐え難い腐臭を発し、義憤に駆られて埋葬した人々までもが厳しく罰せられた。やはり残念ながら日本には「死者に鞭打つ習慣も歴史も存在した」のである。

そして伊藤の言うような国になったのだろうか。民主的な国なら憲法を制定するとともに普通選挙を行わないといけないはずだ。ところが憲法の制定は二十二年後、男子限定の普通選挙は六十年後、女子参政権に至っては七十八年も経ってから認められたものである。

明治政府はとても伊藤の言っているような国ではなかった。だからこそ雲井龍雄のように正論を主張したり、横山正太郎のように腐敗ぶりを糾弾する人物が現れ、そして殺された。このような事実を見るとやはりこの言葉で締めくくりたい。「歴史は綺麗事では語れない」

幕末志士永眠の地一覧　※本文には登場しない人物も含みます

寿万宮　寿万宮墓　廬山寺内（京都府京都市上京区北之辺町三九七）
久保豊三郎　玉泉寺（大玉村玉井字薄黒内一六一）
成田才次郎　大隣寺（二本松市）
木下慎之助　福田寺（安芸郡田野町田野町三三九）
檜垣繁太郎　福田寺（安芸郡田野町田野町三三九）
郡長正　甲塚墓地（福岡県京都郡みやこ町豊津）
小笠原胖之助　近松寺（唐津市）
田中礎磨介　本地堂（香川県小豆郡内海町）
千葉郁太郎　日豊海岸国定公園　馬ヶ背
松田正男　不明
朱雀操　霊山墓地（京都市東山区清閑寺霊山町一　京都霊山護国神社管理）
徳川義宜　西光庵（新宿区新宿六丁目一五-二）
無敵幸之進勝行　船岡公園西軍墓地（新潟県小千谷市船岡公園）、桜山神社招魂場（山口県下関市）
内藤信民　常照山光徳寺（新潟県村上市羽黒口七-二四）
森山新五佐衛門　大黒寺（京都市伏見区鷹匠町四）

中山忠光　中山神社境内(山口県下関市綾羅七-一〇-一八)
山田藤吉　霊山墓地(京都市東山区清閑寺霊山町一　京都霊山護国神社管理)
河上弥市　長寿寺(山口県萩市北古萩町一三)
中条(條)右京　墓碑(兵庫県神崎郡神河町猪篠
柴司　金戒光明寺(京都府京都市左京区黒谷町一二一)
中井庄五郎　霊山墓地(京都市東山区清閑寺霊山町一　京都霊山護国神社管理)
仙石佐多雄　霊山墓地(京都市東山区清閑寺霊山町一　京都霊山護国神社管理)
林忠交　一心寺(大阪府天王寺区逢阪二-八-六九)、青松寺(東京都港区愛宕二-四-七)
本多助成　忠恩寺(長野県飯山市大字飯山奈良沢二〇二九)
木村銃太郎　正慶寺(福島県二本松市竹田二-一-三三)
中野竹子　虚空山法界寺(福島県河沼郡会津坂下町字光明寺東甲三九四四)
戸田忠恕　英巌寺跡(栃木県宇都宮市花房本町二-七)
藤山佐熊　墓石(山口県平川鎧ヵ峠)
長島義輔　不明
田中新兵衛　即宗院(京都府京都市東山区本町一五-八一三)
山崎小三郎　ブルックウッド墓地(英国サーレー州ウォーキング)
野村助作　明光寺(福岡県福岡市)、福岡県護国神社(福岡県福岡市中央区六本松一-一-一)
金子重輔　保福寺(山口県萩市北古萩町六五)

姉小路公知　清浄華院(京都府京都市上京区寺町通広小路上ル北之辺町三九五)
冷泉五郎　東光寺(山口県萩市椿東一六四七)、靖国神社合祀
箕浦猪之吉　宝珠院(大阪府堺市堺区宿屋町三-五三-二)
春日佐衛門　実行寺(北海道函館市船見町一八-一八)、円通寺(東京都荒川区南千住一-五九-一一)
橋本左内　左内公園(善慶寺・福井県福井市左内町七)、回向院(東京都荒川区南千住五-三三-一三)
宮地宜蔵　霊山墓地(京都市東山区清閑寺霊山町一 京都霊山護国神社管理)
水井精一　阿倍野墓地(大阪府大阪市阿倍野区阿部野筋四-一九)
池内蔵太　墓碑　(長崎県南松浦郡有川町江ノ浜郷)、霊山墓地(京都市東山区清閑寺霊山町一 京都霊山護国神社管理)
吉岡新太郎　禅光院墓地(山口県山口市秋穂東下村六五六八)
澤村惣之丞　本蓮寺(長崎県長崎市筑後町二-一〇)
宮川助五郎　霊山墓地(京都市東山区清閑寺霊山町一 京都霊山護国神社管理)、泉岳寺(東京都港区高輪二-一一-一)
吉村寅太郎　墓石(奈良県吉野郡東吉野村鷲家明治谷墓所)、霊山墓地(京都市)、六志士の墓(高知県高岡郡梼原町梼原一五二六)
福原乙之進　松蔭神社(東京都世田谷区若林四-三五-一)、常福寺(山口県美弥市美東町長登

四八一）

伊庭八郎　貞源寺（東京都中野区沼袋二-一九-二八）

雲井龍雄　常安寺（山形県米沢市城南五-一-二三）

有村雄助　青山霊園（東京都港区南青山二-三二-二）、旧南林寺墓地（鹿児島県鹿児島市南林寺町）

得能淡雲　回向院（東京都荒川区南千住五-三三-一三）、天王寺（東京都台東区谷中七-一四-八）

所郁太郎　三舞墓地（山口県山口市吉敷上東三舞）、妙法寺（岐阜県大垣市赤坂町三三八一）、霊山墓地（京都市）、防府市護国神社（山口県防府市桑山一-四-一）

岡田以蔵　真宗寺山（高知県高知市薊野北町一-一一）

赤禰武人　西栄寺（山口県岩国市柱島三五〇）、東行庵（山口県下関市吉田町一一八四）、願成寺（山口県柳井市阿月西一六五一）

益満休之助　大円寺（東京都杉並区和泉三-五二-一八）

横山正太郎　大円寺（東京都杉並区和泉三-五二-一九）

本間精一郎　不明

楢崎弥八郎　東光寺（山口県萩市椿東一六四七）

近藤長次郎　皓台寺（長崎県長崎市寺町一-一）

高杉晋作　東行庵（山口県下関市吉田町一一八四）、護国山墓所（山口県萩市椿東二四三一-三一）、霊山墓地（京都市）、桜山神社招魂場（山口県下関市上新地町二-六-

二二)、靖国神社合祀

佐々木祥一郎　東行庵(山口県下関市吉田町一一八四)

梅田信子　安祥院(京都府京都市東山区五条通東大路東入遊行前町五六〇)

吉田松陰　松蔭神社(東京都世田谷区若林四-三五-一)、回向院(東京都荒川区南千住五-三三-一三)、護国山墓所(山口県萩市椿東二四三-三一)、桜山神社招魂場(山口県下関市上新地町二-六-二二)

間崎哲馬　長法寺墓地(高知県中村江ノ口村)、墓石(東久万池田山東側山麓)

錦小路頼徳　錦小路(赤妻)神社(山口県山口市赤妻町)

筑紫衛　福岡県護国神社(福岡県福岡市中央区六本松一-一-一)

中岡慎太郎　霊山墓地(京都市東山区清閑寺霊山町一　京都霊山護国神社管理)、松林寺(高知県安芸郡北川村柏木)

三雲為一郎　長寿院(福島県白河市本町北浦三〇)

相良総三　魁塚(長野県諏訪市下諏訪町五三六三)、青山霊園立山墓地(東京都港区南青山四-二八)

永井蠖伸齋　光明寺(北海道北斗市本町二九〇)

成合清　大長寺(東京都調布市若松町五-九-五)

阿部正静　西福寺(東京都台東区蔵前四-一六-一六)

中村円太　正光寺(福岡県福岡市中央区唐人町三-三-四〇)

大関増裕　功運寺（東京都中野区上高田四‐一四‐一）、大雄寺（栃木県大田原市黒羽田四五〇）

飯田節　不明

白井小四郎　真行寺（福島県二本松市竹田一‐一九二）

楢崎頼三　"亭徳寺（山口県萩市北古萩町一区六六）、モンパルナス墓地（仏国パリ一四区　三, Boulevard Edgar-Quinet 七五〇一四 Paris）"

時山直八　船岡山官軍墓地（新潟県小千谷市船岡公園）、朝日山（新潟県小千谷市浦柄）、浦柄神社（新潟県小千谷市浦柄六六〇）、楞厳寺（山口県萩市大字山田玉江一区四四一八）、桜山神社招魂場（山口県下関市上新地町二‐六‐二二）、東行庵（山口県下関市吉田町一一八四）

甲賀源吾　碧血碑（北海道函館市谷地頭町一）

島田一郎　谷中霊園（東京都台東区谷中七‐五‐二四）、野田山墓地（石川県金沢市野田町一‐二）

多田帯刀　金福寺（京都府京都市左京区一乗寺才形町二〇）？

江上栄之進　浄満寺（福岡県福岡市中央区地行二‐三‐三）

久松喜代馬　真宗寺山（高知県高知市薊野北町一‐一一）

滝善三郎　東山墓地（岡山県岡山市中区網浜一四一八番地）、門田墓地（岡山市中区本町三‐五五七‐一）、妙心寺（京都府京都市右京区）、能福寺（兵庫県神戸市兵庫区北逆瀬川町一‐三九）

牧野忠訓　栄涼寺（新潟県長岡市東神田三-五-七）
和宮　増上寺（東京都港区芝公園四-七-三五）
松本奎堂　十念寺（愛知県刈谷市広小路四-二一九）、湯之谷墓地（奈良県吉野郡東吉野村鷲家）、霊山墓地（京都市）
坂本竜馬　霊山墓地（京都市東山区清閑寺霊山町一　京都霊山護国神社管理）
堀直虎　種徳寺（東京都港区赤坂七-六-二九）、興国寺（長野県須坂市臥竜山腹堂宇、須田城址山）、奥田神社（長野県須坂市大字須坂七五七）
丹羽淳太郎　谷中霊園（東京都台東区谷中七-五-二四）
世羅修蔵　稲荷神社（福島県福島市宮町五-二）、陣場山（福島県白石市福岡長袋周辺）、麻郷（惣田山）護国神社（山口県熊毛郡田布施町）、記念碑（山口県周防大島久賀市椋野）、全良寺（秋田県秋田市八橋本町六-五-三〇）、松陰神社（東京都世田谷区若林四-二六-一一）
頼三樹三郎　長楽寺（京都府京都市東山区八坂鳥居前東入る円山町六二六）、回向院（東京都荒川区南千住五-三三-一三）、松陰神社（東京都世田谷区若林四-二六-一一）
菊池教中　天竜院（東京都台東区谷中四-四-三三）、生福寺（栃木県宇都宮市仲町二-一七）
中谷正亮　松陰神社（東京都世田谷区若林四-二六-一一）
那須信吾　明治谷墓地（奈良県吉野郡東吉野村鷲家）、霊山墓地（京都市）、那須父子墓（高知県高岡郡檮原町檮原一五七七番地）、六志士の墓（高知県高岡郡梼原町梼原一五二六）

寺田屋伊助　松林院墓地(京都府京都市伏見区鷹匠町三)?
田中清右衛門　鎮護神山：合祀(福島県白河市郭内一-一一二)
酒井玄蕃　谷中霊園(東京都台東区谷中七-五-二四)
酒井孫八郎　青山霊園(東京都港区南青山二-三二-二)
大河内輝声　平林寺(埼玉県新座市野火止三-一-一)
武田金吾　靖国神社(東京都千代田区九段三-一-一)、慰霊碑(茨城県水戸市東台二)
中山信宝　智観寺(埼玉県飯能市中山五二〇)
高橋庄左衛門　常磐共有墓地(茨城県水戸市松本一三-三四)、四天王寺(大阪市天王寺区四天王寺一-一一-一八)
佐野竹之助　回向院(東京都荒川区南千住五-三三-一三)、酒門共有墓地(茨城県水戸市酒門町三三二〇)
広岡子之次郎　回向院(東京都荒川区南千住五-三三-一三)、酒門共有墓地(茨城県水戸市酒門町三三二〇)
海後磋磯之助　常磐共有墓地(茨城県水戸市松本一三-三四)
増子金八　大畠家墓地(茨城県東茨城郡城里町大字石塚
平山兵介　回向院(東京都墨田区両国二-八-一〇)、酒門共有墓地(茨城県水戸市酒門町三三二〇)
藤田小四郎　来迎寺(福井県敦賀市松原町二-五-三二)、常磐共有墓地(茨城県水戸市松本一三

-三四)

水野主馬　不明

肥田大助　不明

根本新平　水戸烈士墳墓(福井県敦賀市松原町二-九)

小林幸八　靖国神社(東京都千代田区九段三-一-一)

鵜飼幸吉　長楽寺(京都市東山区八坂鳥居前東入円山町六二六)、回向院(東京都荒川区南千住五-三三-一三)、常磐共有墓地(茨城県水戸市松本一三-三四)

鮎沢伊太夫　常磐共有墓地(茨城県水戸市松本一三-三四)、回天神社(茨城県水戸市松本町一三-三三)

乃木初太郎　霊山墓地(京都市東山区清閑寺霊山町一　京都霊山護国神社管理)、防府市護国神社(山口県防府市桑山一-四-一)

野老山吾吉郎　真宗寺山(高知県高知市薊野北町一-一-一)

寺島忠三郎　霊山墓地(京都市東山区清閑寺霊山町一　京都霊山護国神社管理)、朝日山招魂場(山口県山口市秋穂二島五一〇六)

有吉熊治郎　霊山墓地(京都市東山区清閑寺霊山町一　京都霊山護国神社管理)、朝日山招魂場(山口県山口市秋穂二島五一〇六)

安藤鉄馬　霊山墓地(京都市東山区清閑寺霊山町一　京都霊山護国神社管理)、碑(岡山県美作市土居二〇三土居小学校横)

山田虎之助　霊山墓地(京都市)、真行寺(山口県萩市河添二六八)、桜山神社招魂場(山口県下関市上新地町二-六-二二)、竹林寺(京都府京都市上京区下立売通天神道西入ル行衛町

国司信濃　東光寺(山口県萩市椿東一六四七)、天竜寺(山口県宇部市奥万倉一四二二)

清水清太郎　東光寺(山口県萩市椿東一六四七)

真木菊四郎　紅石山墓所(山口県下関市阿弥陀寺町四-一赤間神宮裏)、山川招魂社(福岡県久留米市山川町字茶臼山四一)

吉田稔磨　霊山墓地(京都市)、護国山墓所(山口県萩市椿東二四三-三二)、桜山神社招魂場(山口県下関市上新地町二-六-二二)、朝日山招魂場(山口県山口市秋穂二島五一〇六)、三縁寺(京都府京都市左京区岩倉花園町六〇六)

久坂玄瑞　霊山墓地(京都市)、護国山墓所(山口県萩市椿東二四三-三二)、桜山神社招魂場(山口県下関市上新地町二-六-二二)、朝日山招魂場(山口県山口市秋穂二島五一〇六)

杉山松助　三縁寺(京都府京都市左京区岩倉花園町六〇六)、霊山墓地(京都市)、泉流寺(山口県萩市浜崎新町四)

望月亀弥太　三縁寺(京都府京都市左京区岩倉花園町六〇六)、墓石(高知県高知市旭水源町西の山上、横内越え峠の西の山の藪の中)

宮部春蔵　十七烈士の墓(京都府乙訓郡大山崎町天王山山頂酒解神社付近)、真木神社(福岡

県久留米市瀬ノ下町二六五-一水天宮境内)、高知県護国神社(高知県高知市吸江二一三)

入江九一　長寿寺(山口県萩市北古萩町一三)、上善寺(京都府京都市北区鞍馬口通寺町東入上善寺門前町三三八)、霊山墓地(京都市)、桜山神社招魂場(山口県下関市上新地町二-六-二二)、朝日山招魂場(山口県山口市秋穂二島五一〇六)、靖国神社(東京都千代田区九段三-一-一)

南雲平馬　竹林寺(京都府京都市上京区下立売通天神道西入ル行衛町)、霊山墓地(京都市)

北添佶摩　三縁寺(京都府京都市左京区岩倉花園町六〇六)、霊山墓地(京都市)

渕上郁太郎　墓石(福岡県筑後市水田一五八付近 来迎寺前)

太田市之進　防府市護国神社(山口県防府市桑山一-四-一)

高木元右衛門　高木家墓所(熊本県菊池市深川共同墓地隣り)、霊山墓地(京都市)、桜山神社(熊本県熊本市黒髪五-七-五七)

中津彦太郎　十七烈士の墓(京都府乙訓郡大山崎町天王山山頂酒解神社付近)、桜山神社(熊本県熊本市黒髪五-七-五七)

益田右衛門介　東光寺(山口県萩市椿東一六四七)、益田家墓所(山口県萩市須佐四四四一-一九須佐歴史民族資料館近く、須佐中津の笠松山東北麓)

佐久間佐兵衛　東光寺(山口県萩市椿東一六四七)

吉岡庄助　誠心院(京都府京都市中京区新京極六角下中筋)、霊山墓地(京都市)

松田重助　三縁寺(京都府京都市左京区岩倉花園町六〇六)、桜山神社(熊本県熊本市黒髪五-七-五七)、霊山墓地(京都市)

玉置良三　新選組墓所(東京都北区滝野川七-八-一)、碧血碑(北海道函館市谷地頭町一)

上田馬之介　不明

あぐり　不明

楠小十郎　新選組墓所(東京都北区滝野川七-八-一)

佐々木愛次郎　不明

中村五郎　光縁寺(京都市下京区四条大宮町三七)、新選組墓所(東京都北区滝野川七-八-一)

市村鉄之介　全昌寺(岐阜県大垣市船町二-二一)

野口健司　壬生寺(京都市中京区坊城仏光寺上ル)、新選組墓所(東京都北区滝野川七-八-一)

石川三郎　光縁寺(京都市下京区四条大宮町三七)、新選組墓所(東京都北区滝野川七-八-一)

小林桂之助　新選組墓所(東京都北区滝野川七-八-一)

阿比留鋭三郎　壬生寺(京都市中京区坊城仏光寺上ル)、新選組墓所(東京都北区滝野川七-八-一)

近藤久太郎　日露戦争忠魂碑(東京都調布市調布ヶ丘一-八-一布多天神社内)

荒木田左馬之介　新選組墓所(東京都北区滝野川七-八-一)

藤堂平助　戒光寺墓地(京都府京都市東山区泉涌寺山内町二九)、新選組墓所(東京都北区滝野川七-八-一)

篠崎信八郎　戒光寺墓地(京都府京都市東山区泉涌寺山内町二九)

家里次郎　不明
大村安宅　不明
宮川信吉　新選組墓所(東京都北区滝野川七-八-一)、龍源寺(東京都)?
今井祐次郎　新選組墓所(東京都北区滝野川七-八-一)
沖田総司　専称寺(東京都港区元麻布三-一-三七)、新選組墓所(東京都北区滝野川七-八-一)
近藤タマ　龍源寺(東京都三鷹市大沢六-一三-一一)
富山弥兵衛　戒光寺墓地(京都府京都市東山区泉涌寺山内町二九)
野村利三郎　新選組墓所(東京都北区滝野川七-八-一)、称名寺(北海道函館市船見町一八-一四)、碧血碑(北海道函館市谷地頭町一)
新見錦　壬生寺(京都市中京区坊城仏光寺上ル)、新選組墓所(東京都北区滝野川七-八-一)
河合耆三郎　光縁寺(京都市下京区四条大宮町三七)、壬生寺(京都市中京区坊城仏光寺上ル)、新選組墓所(東京都北区滝野川七-八-一)
田内知　光縁寺(京都市下京区四条大宮町三七)、新選組墓所(東京都北区滝野川七-八-一)
原田佐之助　新選組墓所(東京都北区滝野川七-八-一)
曲直瀬道策　十念寺(京都府京都市上京区寺町通今出川上ル三丁目鶴山町一三)
三浦啓之助　鷺谷墓地(愛知県松山市祝谷東町四四二)
吉村貫一郎　恩流寺(岩手県盛岡市愛宕町二一-一〇)?
佐野七五三之助　光縁寺(京都市下京区四条大宮町三七)、戒光寺墓地(京都府京都市東山区泉涌寺

山内町二九）、新選組墓所（東京都北区滝野川七-八-一）

山南敬助　光縁寺（京都市下京区四条大宮町三七）、新選組墓所（東京都北区滝野川七-八-一）

伊東甲子太郎　戒光寺墓地（京都府京都市東山区泉涌寺山内町二九）、新選組墓所（東京都北区滝野川七-八-一）

毛内有之助　戒光寺墓地（京都府京都市東山区泉涌寺山内町二九）、新選組墓所（東京都北区滝野川七-八-一）

大石鍬次郎　新選組墓所（東京都北区滝野川七-八-一）

殿内義雄　不明

清河八郎　伝通院（東京都文京区小石川三-一四-六）

芹沢鴨　壬生寺（京都市中京区坊城仏光寺上ル）、新選組墓所（東京都北区滝野川七-八-一）

平山五郎　壬生寺（京都市中京区坊城仏光寺上ル）、新選組墓所（東京都北区滝野川七-八-一）

近藤勇　円通寺（東京都荒川区南千住一-五九-一一）、新選組墓所（東京都北区滝野川七-八-一）、龍源寺（東京都三鷹市大沢六-一三-一一）、天寧寺（福島県会津若松市石山天寧二〇八）、法蔵寺（愛知県岡崎市本宿寺町一）

土方敏三　円通寺（東京都荒川区南千住一-五九-一一）、新選組墓所（東京都北区滝野川七-八-一）、石田寺（東京都日野市石田一四五）、天寧寺（福島県会津若松市石山天寧二〇八）、称名寺（北海道函館市船見町一八-一四）、碧血碑（北海道函館市谷地頭町一）

主要参考文献

日本人の死に際幕末維新編　合田一道　小学館
幕末維新　高平鳴海、幕末研究会　新紀元社
よくわかる幕末維新ものしり事典　主婦と生活社
日本の歴史23、24　小学館
図説・幕末志士199　学研
幕末新聞　幕末新聞編纂委員会　アスペクト
人間臨終図鑑1、2、3　山田風太郎　徳間書店
江戸三百藩最後の藩主　八幡和郎　光文社新書
江戸三百藩の意外な「その後」　日本博学倶楽部　P文庫
歴史読本多数　新人物往来社

著者／松尾　和彦（まつお・かずひこ）
1953年(昭和28年)7月28日生まれ。神戸大学卒業。海外規格申請代行業勤務を経て、現在セルロイドハウス副館長。主な著書に『公方様御流亡譚』『悪役たちの日本史』(叢文社)

死に様に見る幕末明治維新

発行　2015年6月1日　初版第1刷

著　者　松尾和彦
発行人　伊藤太文
発行元　株式会社 叢文社
東京都文京区関口1—47—12江戸川橋ビル
電　話　03（3513）5285（代）
FAX　03（3513）5286

印刷・製本　モリモト印刷

定価はカバーに表示してあります。
乱丁・落丁についてはお取り替えいたします。

ISBN978-4-7947-0734-6